ルポ　戦場出稼ぎ労働者

安田純平

Yasuda Jumpei

a pilot of wisdom

はじめに

二〇〇八年九月、ネパール東部のヒマラヤ山脈の麓《ふもと》の山深い町に一本の電話が入った。暴行されているのか何度も叫び声を上げながら、「五日以内に1万ユーロ（約百三十万円相当）を支払わなければ殺される」と泣き声で訴えた。

この電話の男性は、このときイラクにいるはずだった。出稼ぎ労働者である。彼の実家は山深い農村にあり、その生活は殆《ほとん》ど自給自足に近い。このとき、実家にあった現金は五百円程度だった。

〇五年、イラクでは日本人、斉藤昭彦さんが武装組織に襲われて死亡する事件が発生している。元自衛隊員でフランス外人部隊に所属した経験があり、イラクで民間軍事会社（ＰＭＣ）の一員として働いていた事実上の軍人である。当時日本では、日本人がイラクで働いていることと、民間業者が活動していることが衝撃的に受け止められた。

しかし、このネパール人は農民である。戦争をやっているイラクになぜ何の関係もない国の農民がいるのか。

イラク戦争の大きな特徴の一つに、「戦争の民営化」が挙げられる。民間企業が米国防総省や米国務省などと請負契約を結び、物資輸送や警備、給食、洗濯、基地建設、車両の整備、スポーツジムの運営、「テロリスト」容疑で拘束したイラク人の尋問などあらゆる分野でイラク戦争の推進を支えている。その末端を担っているのが、アジア・アフリカからの出稼ぎ労働者である。

軍人としての訓練を受けているわけでもない彼らは、どのような経緯でイラクに入り、どういった労働をし、生活をしているのか。そこでいったい何を見ているのか。そもそも、どういった事情でわざわざイラクにまで向かうのか。

日本は、イラク戦争の開戦に向けて各国の支持取り付けに回り、戦争の一部である復興を担うことをあらかじめ表明し、自衛隊を送って占領軍の一翼を担うなど、一貫して戦争の推進に努めてきた。しかし、その戦争の歯車がどのように回転しているのか、現場の実情は殆ど知られていない。

その実情を見るために、私は自らも彼らと同じ労働者となってイラクで働いてみることにした。民間人が何カ月もの間、戦場に滞在するということがどういうことなのか、実際に経験してみなければ分からないと考えたからだ。治安悪化の激しいイラクは、通常の取材のように歩き回るわけにもいかないので、こういうときはテーマを絞って一点集中型で取り組む方がよい。戦場出稼ぎ労働者としての視点で、イラク戦争の現場を観察してみたいと思う。

目次

第一章　イラク戦場労働への道

イラク行き急募

「イラク行き希望者急募　ウェイターとウェイトレス　国籍不問　英語必須　給料150KD（クウェートディナール、約六万円、二〇〇七年二月時点。以下同）No．18移籍可能ビザ」「イラク行き急募　溶接工（250KD・約十万円）／電気技師（同）／配管工（同）／大工（同）／タイル工（同）／助手（150KD）　国籍問わず　三年契約　食事・宿泊・医療完備　18ビザのみ」

イラク南側の隣国クウェートの中心市街地を歩いていると、商店街やアパートの建物の柱や壁、バス停の待合所など、あちこちでこうした張り紙が目に付く。「空き室あります」「ルームメイト募集」といった張り紙と場所を取り合うかのように重なり合う様子から、イラクへの就労が極めて身近であることが見て取れる。

「イラクに行きたいのか？　いくら欲しい？　どんな職種希望だ？」

市内中心部にとったホテルの目の前にあった張り紙の連絡先をメモしていると、ビジネスマン風の男性三人組が声をかけてきた。「イラクで働きたい。どんな職種でもいい」と私が答えると、「では明日午前十一時に事務所に来い」と名刺を差し出した。

初日から幸先のよい滑り出しだった。私がクウェートに到着したのは〇七年二月一二日。イラクの戦場労働者になるためにひとまず隣国にやってきたが、そう簡単に就職の口が見つかるとは思っていなかった。〇五年三月、イラクで働く労働者を募集する求人活動が日本国内でも行われていることが報道され、求人はすぐに取り消されたが、驚いた市民団体などからの批判は求人票を受け付けたハローワークにまで向けられた。この反応を見ても、日本では戦争で金を稼ごうというわゆる「戦争ビジネス」は〝裏社会〟の印象があるのか、おおっぴらに活動している様子は一般にイメージしにくいといえるだろう。私自身、イラク行きを決意してクウェートにまで来てはみたものの、結局は何もできずに帰国、という憂き目にあうのではないかという不安があった。ところが、労働力の殆どを出稼ぎ労働者が担っているペルシャ湾岸の国では、イラク就労は特別なことでもないようだ。

クウェートに在住する約三百万人のうち、七割は主にアジアからの出稼ぎ労働者といわれている。彼らは、インド、ネパール、バングラデシュ、パキスタン、スリランカ、フィリピン、タイ、インドネシアなどの出身地・文化圏ごとに集まって居住地区を形成している。街角の張り紙は殆どが英語。応募者の国籍は問わず、最低限の英会話能力を求める場合が多いようだ。

前記以外の、クウェートで見かけたイラク就労の主な募集職種と月給は以下の通り。

壁塗り工（190KD）／石工（200KD＋10KDボーナス）／シャッター工（同）／セラミック工（190KD）／労働者（180KD）／大型トラック運転手（350KD）／コンチネンタル料理人（200KD）／料理補助（180KD）／事務雑用係（120KD）／フィリピン人女性売店員（250KD）／同男性売店員（180KD）／レジ係（同）／料理労働者（150KD）／空調技術者（240KD）／現場監督（300KD）／管理職（500KD）／フォークリフト運転手（350KD）／クレーン運転手（同）／内装工（240KD）

以下のような条件が付されている場合もある。

「最低限の英語と経験があること。食事・宿泊・移動は会社もち。労働時間は一日十時間、一カ月三十日。補償なしに職場が変わる場合もあり。毎月40ドルの生活費支給。二年ごとに帰国チケット無料支給」「五時間の残業つき」「一日六時間、週六日労働。食事・宿泊無料支給」「全職種とも毎日二時間残業」

クウェートで働けば週一日以上は休みをとれるし、労働時間も短い。しかし、例えば公園掃除は食事・宿泊費支給だが月給20KD（約八千円）程度、電気技師でも食事・宿泊は自前で月給70KD（約二万八千円）といった場合が一般的で、イラク就労は未熟練労働者であっても相対的にかなり高い給料を期待できることが分かる。

クウェート就労ビザが必要？

翌日、喜び勇んで訪ねた事務所は雑居ビルの三階で、受付の部屋の奥に二、三の部屋があるようだ。受付部屋のソファにはアジア系の男性三人が心もとなさそうに座っている。受付のバングラデシュ人がソファを指差すので私も彼らの横に座る。彼らもイラク労働希望者だろう。

「どこから来た？」「日本。俺もイラクに行きたい」

「……」三人とも、呆《あき》れたような顔で私を見つめた。

受付に「イラク行き希望」を伝えると、「ビザを見せろ」というので到着時に空港で取った訪問ビザを出すと、「これではだめだ。No．18ビザでなければ」という。街角の張り紙の多くに書かれていた「No．18ビザ」の記述は気になっていたが、応募資格のようなものらしい。「なぜイラクに行くのにクウェートビザが必要なのか」とたずねたが、「18ビザがなければだめだ」と繰り返すだけでらちが明かない。「昨日これを渡されて、ここへ来いと言われた。ボスに聞いてみてくれ」と貰《もら》った名刺を見せると、面倒くさそうに奥の部屋へ行ったが、すぐに戻ってきて「18ビザでないならだめだと言っている」とけだるそうに言った。

仕方なくホテルに戻って受付のバングラデシュ人男性に聞くと、「18ビザとは就労ビザだ。クウェートに来る前に自分の国にいるエージェント（代行屋）に就職斡旋《あっせん》のための金を払い、エージェントからクウェート人の身元引受人を紹介されて18ビザが出て、それからクウェートにやってきて就労するという流れだ。俺の場合、ビザ取得だけで1000KD（約四十万円）かかったが、スポンサーが払ってくれた」という。「ならば金を払えばビザを取れるのか？」と聞くと、「詳しいことは支配人が知っている」というので、ちょうど奥から出てきたバングラデシュ人の支配人に話すと血相を変え、「買うなんて無理だ！　2000KD（約八十万円）はする！　7000ドル以上だ！　就職先の会社を決めて会社に頼め！　買うなんて無理だ！」と怒り出した。「2000KDするとして、誰に払えばいいのか」と聞くと、「知るか！」と怒鳴った。やはり金でビザを買うというのは合法的手段ではないのだろう。クウェートも中東の他の国と同様、人々は秘密警察によって監視されているが、よそ者が利用するホテルは重要な監視対象だ。おおっぴらに「ビザビジネス」の話題を出されて怒るのも無理はない。

No．18ビザとはクウェートの民間企業で働ける就労ビザだ。二年間の有効期間中に就労契約が切れれば転職も可能。イラク労働の張り紙に「移籍可能ビザ」とあったのがそれだ。他に、役所関連で働けるNo．17ビザ、一般家庭のメイド用のNo．20ビザがあり、旅行者用の訪問ビザはNo．14ビザと呼ばれている。

18ビザの取得には、雇用主と申請者の間の就労契約、クウェート社会問題労働省からの労働許可証、同内務省からの異議なし証明書、就労する会社からの推薦状、健康診断書、出身国での無犯罪証明書を出身国にあるクウェート大使館に提出する必要がある。この手続きを始めるにはまず就職先を見つけた上で、いったん日本に帰らなければならないらしい。

18ビザがないとクウェート滞在すら何かと面倒だ。まずは携帯電話。就職活動には電話が必要なため、現地携帯キャリアのプリペイド用ICチップSIMカードを街の携帯ショップに買いに行った。これを携帯電話に入れることで現地の電話として利用することができる。日本の携帯キャリアが提供するローミングサービスを利用することも可能だが、1分数百円という高額な利用料金を利用していてはあっという間に資金がつきてしまうため、私は海外では必ず現地キャリアを利用するようにしている。しかし、クウェートではどこへ行っても「14ビザ所有者には売れない」と店員に断られてしまった。

「14ビザではSIMカードは持てない」とまで言われたが、そんなはずはないと数店回ってようやく事情が分かってきた。クウェートにはキャリアは主に二社あるが、14ビザ用を用意しているのは一社だけで、市内に一カ所しかない直営の営業所に行かなければ売ってくれない。営業所ではパスポートとビザのコピーを取られるだけで手続き自体はショップと同じ。異なるのは、18ビザ用は代金を追加すれば無期限で使用できるが、短期滞在者である14ビザ用は三カ月で無効になる点だ。欧米人や日本人ら、一部の外国人は身元引受人なしで14ビザを取れるなど、18ビザに比べて取得が容易なこともあり、管理を厳しくしているようだ。犯罪防止の狙《ねら》いもあるのだろうが、近隣諸国でも珍しい面倒くささだ。

そして、宿泊。クウェートのホテルは高い。九〇年のイラクによる侵攻で破壊された建物が未だに残る旧市街地には安ホテルがあるが、それでも一泊10～20ＫＤはする。一カ月もいれば宿泊費だけで十二～二十四万円もかかる計算で、とても長期滞在には向いていない。そこで、イラク労働の張り紙と場所を競っていた「ルームメイト募集」の張り紙を見て数件の家主に電話で応募してみたが、なかなか決まらず、人目につかない場所で二日間野宿までしてようやく月額35ＫＤのインド人十人とのルームシェアにこぎつけた。しかし、入居二日目にパスポートとビザのコピーを求められ、18ビザがないことが知れると、「安全のため」として退去させられた。18ビザの身元引受人がいなければ、私が盗みや器物損壊などをした場合の責任追及ができないからだ、とのことだった。

細かく分業された職種ごとにイラク労働の人材が募集されていた。対象はクウェート就労ビザ（18ビザ）所有者のみ。2007年３月18日、クウェート市

18ビザがなければ何事もスムーズには進まない。途方に暮れたが、親しくなった同室のシステムエンジニアのインド人青年によれば18ビザはやはり「金で買える」らしい。「みんな自国のスポンサーを通してビザを取っているが、スポンサーに借金をし

て買っているだけのこと。何カ月か働いて金を返し、ようやく自由になれる仕組みだ。だから最初から自分で払えるならば最初から自由だ」という。「ただし」と彼は付け加えた。「金だけとって逃げる詐欺が多いから気をつけろ。俺もそうやってドバイに行こうとしてだまされ、1000KD相当を持ち逃げされた。今の月給が200KDだが、仕送りをしながらクウェートの分のビザ代を返し、前回の分を取り返すには六年はかかる。そういうことがないよう俺に相談しろ」と言った。一八日、彼は友人が泊まっているという別のアパートを紹介してくれ、そこに入ることができた。

この後も二十社ほどのエージェントに応募したが、同様の門前払いが続いた。そもそもなぜ18ビザが必要なのか。彼らの殆どが「必要だから必要なのだ」と面倒くさそうに繰り返すだけだったが、あるパキスタン人エージェントは「サダム・フセイン政権が崩壊してから、イラク政府が入国審査にあたって適正な審査を行えないでいた。労働者を雇う業者が、独自に全員の身元を調べる手間を省くために、自社の審査代わりとして、審査がより厳しい18ビザの所持を求めている場合もある」と説明した。更に別のインド人エージェントによれば「クウェートでは18ビザを持たずに外国人が就職活動をすること自体が禁じられているほか、クウェートで就労契約を結ぶ以上は、クウェートの就労ビザが必要とも規定されている」という。これらが確かならば、イラクで活動する業者は一定の基準を設けて労働者の身元も確認し、合法的な手段でリクルートを行っていることが見て取れる。そして、イラク労働はクウェートからの転職の場ということになる。

こうなると18ビザ取得ルートから構築する必要がある。イラク就労のためにまずクウェートで就職し、機を見て転職を狙う長期計画。しかも、雇用主がイラク就労という目的を理解してくれて、ビザの期限切れの前に契約解除してくれなければならない。道のりはあまりに険しい。

日本人など使えない

ついに見つけた——。18ビザについて注意しながら募集の張り紙を見ていると、応募条件に「メイドビザ（20）、企業用就労ビザ（18）、訪問ビザ（14）」と書いてあるものがあった。戦場に労働者を送り込んで儲《もう》けている以上、法をすり抜けようというエージェントがいてもおかしくないと思っていたが、やはりそうだった。

早速電話してみると、「イラクに行きたいのか？　イラクなんだな？」「そうだ。14ビザでもよいと書いてあったので電話してみたのだが」「大丈夫だ」「日本人なのだが」「日本人!?　うーん、ちょっと待て。初めてだからボスに聞いてみる」とやりとりがあったのち、「とりあえず明日迎えに行くから」と言った。

翌日昼前、迎えに来たスタッフの自家用車で事務所へ向かった。〇四年に陸上自衛隊がイラク入りした際、日本から来た全国紙記者のクウェート取材の通訳をしたというスタッフもおり、和やかな雰囲気で迎えられた。昼食のサンドイッチを一緒に食べながら、クウェートに日本の取材陣が殺到したころの様子や、日本の経済状況などを話した。「それで、なぜ日本人がイラクに行きたいのか」とのバングラデシュ人経営者の質問に、「現在の自衛隊はイラクの基地内の作業は基本的に全て自前で行っているが、これからこうした活動が増え、経費の問題と、少子化による隊員集めの問題が出てくれば、いずれ自衛隊も米軍のように民営化を進めるだろう。それを見越して今のうちから民間人として現場を経験し、将来、契約を取るなり労働者を送り込むなりのビジネスに繋《つな》げたい。だからどのような職種でも構わない」とよどみなく説明した。取材が目的、などとは口が裂けても言えない。

「では履歴書を持ってくるように」と言われて事務所を出た。迎えに来たスタッフと車で別の場所の事務所へ行き、羊肉のカレーをご馳走《ちそう》になって、夕方ころ私の宿泊場所へ送って貰った。それなりの好感触で、就労へのプロセスには乗れたのかと思った。しかし、別れ際に彼は「難しいな」と言った。「金持ちのはずの日本人がわざわざ給料の安いイラクで働きたいなど、怪しまれるだけだ。何かの調査か、基地を爆破でもするのかとか怪しまれるから、受け入れようという業者はまずないだろう。14ビザでもよいというのは業者側が受け入れればという話。せめて18ビザがあれば信用されやすいがね」

爆破がしたいならば、既にイラクで働いているような他の国の人間を雇って送り込む方が現実的だ。日本人よりも、「テロとの戦争」の最前線であるアフガニスタンの東隣で民族的に近いパキスタン人の方が疑われやすそうなものだ。実際、アフガニスタンではパキスタン人は基地労働者として雇われにくく、彼らはわざわざイラク行きを狙うのだ。

こうした誤解ならば話せば分かるはずだ、と履歴書を作って持って行くことにした。しかし、元新聞記者と書くわけにはいかない。どうせならば、色々な職種に繋がるような経歴があるかのようにした方がよい、と考えたが、自分自身にこれといった技術など何もないことに気づいた。新聞記者といえば、つぶしの利かない職業の典型である。

そこで思いついたのが料理人だ。それも、イラクでは恐らく誰にもチェックのできない日本食の料理人。欧米人には日本食が好きな人が多いので受け入れられやすいはずだ。一人暮らしをしているときには多少の料理はしていたし、日本食ならば、イラクでは私レベルでも恐らく最高峰になれるだろう。履歴書には、学生時代にアルバイトでウェイターをやっていた居酒屋の店名を変え、料理人とウェイターを三年経験した、と書いておいた。

イラクに入れたらぜひやってみたかった職種は建設労働者だった。何の技術もいらない単純労働だから履歴書などなくても簡単に職が見つかると思っていたし、灼熱《しゃくねつ》のイラクでの過酷な労働環境をぜひ経験したいと思っていた。しかし、そうした募集が常にあるわけではなく、どのような職種だろうとまずイラクに入ることが重要なため、他の希望者と競合しない何かしらの技術があることを強調する必要があった。

ところが、翌二二日に前日の事務所へ履歴書を持参したものの、つれない態度であしらわれてあっけなく終了した。

二六日、やはり14ビザでもよいという張り紙を見つけ、別の事務所を訪れた。ここのチベット系インド人エージェントは「どの職種でも紹介できる」と言い、ビザについては何もたずねてこなかった。

「料理人か。日本食中心のコックなら米国人は喜びそうだな。中華、イタリアン、アメリカンも作れるか？　米国人なんて味なんか分からんし、沢山作ればいいだけだ」こう言いながら彼は早速どこかへ電話し、「ここへ履歴書とパスポートのコピー、証明写真を持っていけ」と料理人を探しているという業者の住所を教えてくれた。「将来のビジネスのためにイラクに行きたいって？　先を見すえていて素晴らしい。そのときにはぜひパートナーになろう。しかし、他のエージェントや業者に会うときは経験のためとは言うなよ。怪しまれるからな。日本に仕事がなく、金のためだと言っておけ」

紹介されたのは別のインド人エージェントだった。狭い部屋の半分を占めるデスクの上はイラク労働希望者の履歴書が山積みになっていた。ここでも「米兵なんか沢山食わせてやりゃいいんだ」という笑い話になり、「では明日面接をするから連絡する」と好感触で終わった。しかし、結局連絡はなく、こちらから何度か電話をしてみたが、翌々日には「１００％面接に進めるわけじゃないんだ！」と怒鳴られて切られてしまった。

　更に三月五日、あるパキスタン人エージェントを訪ねると、私のパスポートを見て「日本人か！」と笑顔になったが、すぐに「なぜイラクに行きたいのだ？　日本で仕事がないのか？日本で問題でも起こしたんじゃないのか？」と言って無表情な顔になった。「日本でも職探しは難しい。家賃や食費が高いので給料がよくても貯金はできない。宿泊も食事も用意されるイラクの方が金を貯めるにはいい」「それで、どんな仕事がしたいのだ？」「建設労働者でも給食作業員でも何でもやる」「日本人の建設労働者なんていらんよ。パキスタン人もインド人も希望者は十分にいる」とこんなやりとりであしらわれてしまった。

　こちらが日本人であることにエージェントたちは驚き、歓迎してくれたが、彼らにとっての日本人のイメージは「世界最高レベルの技術者」であり、目の前の男がそうでないと分かると急速に関心を失っていくのが彼らの表情から見て取れた。たとえ何かしらの技術があっても、平均レベルではやはり「日本人を雇う必要がない」と言われてしまうだろう。未熟練労働者が日本で職を失うと、世界のどこにも食っていける場所がないということになる。唯一の可能性として期待したのが、日本料理という文化を売りにすることだが、それすらもなかなか決め手にはならなかった。この後も、日本人だからなのか、18ビザがないからなのか、このような門前払い、もしくは全く連絡がない状態が続いた。私は「安い労働力」になることすらできないでいた。やはり18ビザを取得するしかないのだろうか。

三月下旬になって、クウェート到着当初に退去させられた部屋のインド人青年から1100KD（約四十四万円）での18ビザ取得を持ちかけられた。あるフィリピン人エージェントからは600KDを提示された。しかし、日本人だから採用されないのだとすると、18ビザを取得しても無駄に終わることになる。試してみるには高額すぎる。

冒頭のバングラデシュ人エージェントはその後も何度か電話をしてきたが、持ちかけてきたのはビザビジネスだった。「1000KDあれば裏取引でビザを取れる。しかし、前払いだ。表向き禁じられている取引だから契約は結べない。まず金を渡し、後は相手からの連絡を待つ。本当にビザが手にはいるのかだって？　こういうことは相手を信じるしかないんだ。しかし、なんでそこまでしてイラクに行きたいのだ？　どの業者に聞いても、日本人がイラクに行きたがるなんておかしい、と言われたぞ。それより、もっといいビジネスの話をしようぜ。日本のビザを売れ。訪問ビザのための身元保証書を書くだけでいい。ビザを欲しがっている客をこちらが用意する。山分けしてもそれぞれ1000KDにはなるだろう。客はクウェート人じゃない。バングラデシュにいる。当然、ただの旅行じゃない。日本に着いたら逃げる。働いて稼ぐためだ。1000000%逃げる。でなければ大金を出して日本にまで行くわけがないだろ。ただし、金は後払いだ。客が日本について入国手続きを通過したところで待っていろ。そこで払われる。きっと払わずに逃げるだって？　こういうことは相手を信じるしかないんだ」

イラク就労狙いの外国人たち

いつ見てもベンチに座ってだらだらと過ごしている人々がいることに気づいていた。クウェート市中心部ムルカブ地区の古びた建物に囲まれた広場。数人ごとに固まって日がな一日、話をしたり、かみタバコを吐き出したりしている。顔は日本人に似たモンゴロイド系。失業でもしてよほど暇なのだろうか。それにしても人数が多い。ここだけで数十人はいる。

インド人アパートを追い出された私は、同室の男の紹介で別のアパートに移っていた。九〇年のイラクによる侵攻以前から残る、古びたコンクリートの四階建ての横長の建物。もう動いていないエレベーターの扉の前には残飯でいっぱいになった大きなゴミ箱があり、薄暗い廊下は酸味と塩気のあるニョクマムのようなにおいが漂っている。私が入居したのは最も安い部類の部屋で、十畳ほどのダイニングと各八畳ほどの二部屋があり、二段ベッドが壁際にびっしりと並べられ、他にハエの飛び交うキッチンとシャワー室、トイレ。よれよれのTシャツに布の腰巻き姿の色黒の男たちが床やベッドに座り、南京虫にくわれて赤い腫《は》れ物が幾つも広がった足を掻《か》きながら、一日中テレビを見て過ごしている。イスラム国家のため出稼ぎ労働者も男女の宿泊場所は完全に分けられており、全室男ばかりだ。

ここは、インド人、パキスタン人、バングラデシュ人、ネパール人、スリランカ人の中でもヒンズー語文化圏の人々の集まるアパートで、ここからパリッとしたシャツにネクタイ姿で出勤する人もいるが、失業者が多い。就労ビザを持っていたが職を失い、次の職が見つからないうちにやがてビザの有効期限が切れ、国に帰ることもままならなくなった不法滞在者たちである。定職にはつけず、おおっぴらに通りを歩くこともできない。たまに見つけた建設現場の日雇い労働をやって5KD（約二千円）ほどを手にするが、時に50度を超える猛暑の中では何日も続けて働くこともできず、結局ぎりぎりの生活をしている。自炊する人もいれば、四階にある食堂部屋を利用する人もいる。食堂は一カ月間三食で16KD（約六千五百円）。節約のため、部屋に持ち帰って二、三人で分けて食べる人たちもいる。

入居する際、パスポートのコピーも求められず、ビザの種類も問われなかった。ただ「一カ月15KD（約六千円）」と言われただけである。とにかく部屋代が安く、食堂部屋は実は格安の手作りインドカレーの店なわけで、私はここを拠点に就職活動を続けていた。

三月一一日、顔見知りになったインド人青年が「明日インドに帰る」と言い出した。別の部屋に住む彼はいつも、建物の物陰で周囲をうかがいながらストップウオッチで時間をはかっていた。違法電話屋である。携帯電話でインドにかけると1分0・15ＫＤ（約五十円）。出稼ぎ労働者にとっては安くなく、クウェートでは着信しても料金を取られるため、彼らは気軽に国の家族と電話で話すこともできない。そこで、固定電話のオペレーターを仲間に引き込むなどしてこっそりと回線を海外に繋ぎ、通話料は携帯電話の約半額程度、という裏商売が生まれた。

「五日前に仲間が捕まった。そのうちの一人が仕組みと組織内容を全てゲロってしまったので、残った全員三カ月は隠れないといけない。その間は商売にならないのでいったん帰ることにした。一日5ＫＤにはなったが、サツが来ると商売にならないし、いい商売とは言えない。戻ってきたら別の仕事をやるよ」と言った。「戻ってくるころには俺はいないな。イラクで働きたいのだが、18ビザがないからと断られている。運よくイラクにいけてればそれでもよいし、だめなら長居はしない」と私が言うと、「18ビザがなくても大丈夫だろ。そこらにいる連中もみんなお前と同じ14ビザでイラク行きを狙っているぞ」と紹介してくれた。連れてきたのは、広場で暇そうにしていた人々。ネパール人だった。

イラク就労システム

重さ19kgの鉄板入り中国製防弾チョッキ、韓国製のヘルメットを持って辛そうに歩く男たち。たくましいとはいえない細身の体をした彼らはもちろん軍人ではなく、翌日の三月一六日にイラクへ飛ぶというネパールの一般人である。「しっかり管理しろよ。なくしたら400ドル払って貰うからな」と業者のインド人スタッフが大声で言った。

彼らは、サウジアラビアの給食サービス業者サウジ・ケータリングとの契約で、クウェート国境間近のイラク唯一の港湾都市ウムカスルにある米軍基地キャンプブッカで米兵向けの給食作業を行う労働者だ。クウェート空港からイラク南部のナシリアへ飛び、約200㎞南の国境付近まで戻るかたちでバスで移動するため、その間の非常時のための装備が支給されていた。この業者は、以前はバグダッドでも給食事業を行っていたが、輸送トラックへの襲撃が相次いだため請負を取りやめたという。キャンプブッカへは、半分の距離とはいえ、そのほぼ同じ道を通って赴任地へと向かうことになる。

赴任地が国境間近なのにわざわざ内陸まで運んで危険を冒させるのは、彼らが14ビザしか持っていないからだ。クウェート政府は〇六年一一月、外国人が陸路イラクへ向かおうとしても、18ビザを持っていなければ国境を通過させない、と決定していた。私自身、せめて国境線を越えてイラク側の入国管理事務所まで行ってみようと、クウェート到着直後にイラク―クウェート間の国境のアブダリまで行ってみたが、クウェートを出国させて貰えなかった。係官からは「日本政府が困るから」と言われたが、こうした規定があったことを後に知った。実際は武装勢力のクウェートからのイラク入りを防ぐためだという。

ネパール人らの契約同意書によると、一日十二時間労働で休日はなし。三カ月契約。月給はウェイターと掃除担当が110KD（約四万四千円）。アシスタントコックが130KD、コックが150KD、メニューの作成など全般を管理するシェフは180KD。イラクの入り口にあたるウムカスルでは米兵が数万人規模になることもあるが、総勢百八十人前後のスタッフで満腹にさせなければならない。この業者によると、三カ月ごとに契約更新と適正な職種への異動があり、評価しだいでは昇給もあるという。十二カ月後に一カ月の休暇と一カ月分のボーナス、ネパールまでの往復のチケットが貰える。昇給の可能性があるとしても、私がこれまでに張り紙で見てきた各職種の月給と比べても最低ランクの額である。後に私が応募した別のエージェントは、張り紙では180KDだったのに「あれは18ビザ用。14ビザは120KD」と安い額を提示してきた。14ビザでの就職活動は違法とされており、足元を見ているからだ。安く雇うためにあえて14ビザ所有者を雇う業者もあるという。

ネパール人の場合、自国から最短でイラクへ就労するためには、まずネパール国内の出稼ぎ斡旋エージェントに料金を支払い、用意された航空券、14ビザでクウェートへ行く。受け入れ側のネパール人エージェントが、業者に直接売り込める他のエージェントに紹介し、面接や健康診断、予防接種などを経て就職が決まる。私のアパートのような食事つきの宿泊場所が用意されており、就職希望者はただイラクへの出発を待つだけのお任せパックツアーになっている。

パキスタン人やスリランカ人、インド人らについても、同様の仕組みで直接イラク行きを狙うシステムがあり、アラブ首長国連邦（UAE）のドバイを経由する場合も多い。

ネパール東部の農村からやってきた二七歳の男性カマルは、親戚からも借りて集めた計2800ドル（約三十二万四千円）を支払った。周囲には1200ドル程度だった人もいるが、「自分が申し込もうとしたときには既に2100ドルで、悩んでいるうちに更に値上がりしてしまった。希望者が多いからだ。約3000ドル払った友人もいる」という。二月二二日にクウェート入りし、米軍基地で給食事業などをしているヨルダンの業者シャヒーン・ビジネス・アンド・インベストメント・グループ（SBIG）に内定している、とエージェントからは言われているが、三月中旬になっても出発日が決まらず、あせり始めていた。彼らの14ビザの有効期限は一カ月だ。「イラクに行けずにネパールに帰ったら、エージェントぶっ殺す！」と芝居がかった口調で言ったので、「金くれた親戚のおじさん、怒るんじゃないか？」と私がからかうと、「俺じゃなくてエージェントがだましたんだと言う。二人でぶっ殺しに行く！」と冗談を言って周囲を笑わせた。「月給600ドルは固いと言われていたのに、来てみれば110KD（380ドル）になっている。サウジの業者は一日十二時間労働で三カ月休みなしだって。死ぬって。インチキばかりだよ」と言うと周囲の仲間もうなずいた。

こうしたパックツアーでやってきた就職希望者は、手続きを進めるためにパスポートとビザの現物をエージェントに預けており、原則として独自の就職活動や、自分の判断での出国もしない。複数のネパール人エージェントによれば、この時期、14ビザを持ってクウェート国内でイラク行きを待っていたネパール人は約三百五十人。彼らの殆どはただエージェントを信じて待ち続けていた。

ネパールで14ビザだけをエージェントから買い、その他の活動を全て自前で行う人もいる。元軍人の四五歳、ロックは、ネパール西部の同郷の仲間七人とクウェート入りした。14ビザの取得費用は約350ドル。クウェートまでの片道航空券300ドルと、一カ月の滞在費約100ドルを自前で払った。ロックは以前にも、イラクでPMCの警備員や護衛部隊のスタッフとして三度就労しており、以前接触したエージェントを自ら訪ねて就職活動を展開していた。今回もPMCの仕事が希望である。彼らの経歴書は、身長、体重、血液型、話せる言語、インド軍やPMCでの過去の軍歴、要人警護や施設警備などの得意分野、使える武器・重機、受けた教育を書き、軍歴証明書や、以前のイラク労働で使用したイラク内務省発行の武器所持許可証、多国籍軍管理区域立ち入り許可証、以前契約していたPMCの身分証明書などのコピー、実際にイラクなどで武装して活動している写真も添付して作成していた。あとはエージェントを通して業者にたどり着けば、面接を通して採用へと至る。

彼らの部屋へ様々なフリーのエージェントが訪ねてきた。個人営業の彼らは、労働者を求めている業者と直接繋がりのある他の大きなエージェント事務所に就職希望者を紹介し、その手数料を稼ぎとしている。就職の枠はエージェント間の取り合いで、より早くよい労働者を確保できれば業者から紹介料を取ることができる。フリーエージェントはこうした事務所をまめに回って募集情報を仕入れ、希望者を集めて連れて行く。実際には募集がなくても様々な職種を書いたビラを作ってばらまき、ひとまず希望者を集めておくという手法も使う。事務所に紹介する際には、「斡旋料を払うときは必ず俺を通すように」と希望者に強く求めていた。上乗せして希望者に提示していた斡旋料から手数料を抜き取るためである。しかし、客の仁義だけが頼りで、あまりに高額な手数料を取ろうとするエージェントもおり、トラブルに発展する場合も少なくない。

結局、ロックら三人はバグダッドを中心に活動する英国系ＰＭＣセキュリフォース・インターナショナル社の職を得た。それぞれ３０００ドルの斡旋料をその場で払い、一人はイラク各地に民間人を運ぶ護送部隊、二人は建設プロジェクトなどの敷地の警備を選んだ。月給は、より危険な前者は３０００ドル、後者は１５００ドル。斡旋したのは、米軍相手に銃器や弾薬などの調達・輸送、警備員の紹介もしている元英軍部隊員のネパール人の業者だ。

パックツアー形式での出稼ぎ就労は、特に南アジアでは一般的になっている。人気がある出稼ぎ先への斡旋料の相場は、マレーシア、ドバイ、カタールが１２００ドル前後、韓国は５０

00ドル前後、イスラエルが6000ドル前後で、1万ドル前後の日本が最高値だ。出稼ぎ労働者の口からは、こうした国々の中にイラクも挙がってくる。戦場だからと特別な仕組みがあるわけでもなく、幾つもある出稼ぎ労働の場の一つにすぎない様子が見て取れる。斡旋料の金額を見ると、仕事がなく、食うに困ってやむを得ず戦場イラクに行く、と解釈するのは無理があることが分かる。もっと安い費用で行ける出稼ぎ先が幾つもあるからだ。

あるフィリピン人エージェントは「イラク開戦当初は希望者は少なく、職種の区分けもなく、月給はみな300KD以上だった。それが、基地建設も進んだ〇五年ころからは希望者が増えて、職種が細分化され、給料の値下がりが続いている。つまり、戦場への民間人就労がビジネスとして確立し、定着したということだ」と話した。

経験者に聞くイラク米軍基地労働

ネパール西部の山岳地帯の農村から来た三三歳のクリシュナは元インド軍兵士。〇三年八月から、イラク北部の都市モスルの近郊タル＝アファルの米軍基地キャンプタル＝アファルのフィットネスジムで受付兼インストラクターを八カ月、モスル空港の警備を六カ月、イラク政府や米大使館などがあるバグダッド・インターナショナルゾーンでパトロール要員・警備員を六カ月と、米軍関連の労働を続けてきた。四回目のイラク就労を目指してのクウェート入りだ。

同じ14ビザでの就職活動で、私は彼や彼の仲間たちと一緒に行動することが多くなった。連中にまぎれるために、伸びていた髪を床屋で彼らと似た角刈り風にして貰い、同じ建物内の彼らの部屋に引っ越した。お互いなかなか仕事が決まらない中で、アパートの外の広場でベンチに座りながらよく話をしていた。私が特に聞きたかったのは、イラクで働いた体験談だ。

三月一九日、クリシュナと同じPMC狙いのロックらが二日前に内定を取ってクウェート国内の米軍基地に移動しており、残された者同士の悲哀があった。この日は一緒に市内を歩いていて買春ブローカーに声をかけられたことから、米軍基地内の売買春話になった。「タル＝アファルでは、トルコ系業者セルカ社と契約して、ネパールからヨルダンを経由して現地入りした。斡旋料1000ドルを支払い、月給は500ドル。どの職種がいいかと聞かれ、ジムを選んだ。朝七時からと、午後七時からの十二時間労働を、ネパール人四人、トルコ人二人、フィリピン人二人が二班に分かれてやった。給料のうち475ドルは家族に送り、残りの25ドルで石鹼《せっけん》やシャンプー、髭《ひげ》剃《そ》りや歯ブラシを買った。そんな小遣いはすぐなくなるが、二、三カ月かけてためた20ドルで買春をやった。

労働者は、業者ごとに分かれた区画の中の、トルコ人、フィリピン人、インド人、ネパール人など国籍ごとにコンテナハウスに住んでいた。トイレ、シャワーのコンテナもある。寝るのも食事もその区画の中だ。男女も分かれているが、歩いていけるので、フィリピン人女性コンテナにも行けた。彼女らも労働者で、洗濯とかの仕事をしているんだが、夜な夜なカモーンって甘い声出して手招きしているんだ。副業だな。コンテナは四人部屋で、ノックすると開いて、商売しない他の三人は出て行く。それで十〜十五分間のサービスタイムだ。ネパールの田舎では仕事が忙しくてシャワーを毎日浴びられないし、肌が荒れていることも多いのだが、フィリピン人女性は毎日きれいにしていて、肌がすべすべなんだよ。それだけでこっちは興奮してしまって五分で終わっちゃう。ネパールでなら一、二時間はいけるのに。こんないい客だから、毎晩声をかけられるんだけど、ごめんねって断るんだ。一生懸命ためた20ドルが五分でなくなっちゃって、終わった後はむなしくて、もうやらないって思うんだけど、でも行っちゃうんだよ。トルコ人女性も売春をやっていた。売買春は基地では禁じられていて、見つかるとクビにされるのでみんなビクビクしながらやっていた。米兵は連中同士でやっているらしいけどね。しょっちゅう、ゆうべあいつと、みたいな話を聞かされた。

そこではどの業者も米軍と六カ月契約で、セルカ社には契約を取るために将校の接待をする一七、一八、一九歳の美女がいて、性行為を含めた接待を担当していた。会社からは自分用の車なんか貰っていて、給料もかなり高額だったらしい。フィリピン人接待嬢はかなりの力を持っていて、おかげでフィリピン人への待遇は全体的によかった。何かあったらみんな彼女に相談していたらしい」

三月二〇、二一日、クリシュナらネパール人二人を連れてネットカフェへ通った。彼らは今回、一緒に活動したロックら三人が、それぞれ3000ドルあればPMCから内定を貰えそうだという状況を見て、各1000ドルを貸した。決まった後に彼らの紹介で引っ張って貰おうという計算だったが、自分たちが内定を取るにも金が必要で、急きょ、ネパールの家族から送って貰わなければならないという。国際電話は高いので、私のインターネット電話Skypeでかけてあげることにした。固定電話や携帯電話に安い通話料で電話をかけることができる。しかし、何とか通じたものの、家族の説得が進まないらしい。

「モスルから帰国した後は一カ月間、1500ドルも使って豪遊した。やっぱり仕事がきつかったからね。でも警備の時は月給2400ドルだったから。ネパールでは農場仕事で一カ月約40ドルだし、1000ドルもあれば半年はかなり楽に暮らせるんだが、インドまで出て行って毎日飲んで、ディスコに通っていた。そのせいで、今回3000ドル払えば月給2000ドルの仕事が見つかるのに、家族に電話しても信用してくれなくてなかなか協力してくれないんだ。1200ドル払えば、最初は1000ドルだが一カ月ごとに250ドル上がっていく仕事もある。でもここの部屋代も払えないほど金がないんだ。友人は英国や米国の親戚から集めた金を払ってイラクに行くのに、俺は家にある金を送って貰うしかない。でも、いくら話しても家族は理解できないんだ。本当につまらないよ」と完全にぼやき節である。

イスラム国家のクウェートでは酒は禁じられているが、闇《やみ》ルートで密造酒が手に入る。二〇日の晩は悪い酒を飲んで半ばやけくそな発言をしていた。

「一五歳で結婚し、二人の娘がいる。親や兄弟など九人で暮らしているが、俺だけが働いている。毎日同じ顔を見て、毎日同じ暮らし。金や食い物がなくなると、働け働けってうるさいんだ。イラクにいたときは、任務中に死ぬと10万ドルの補償が出ると聞いていたので、危険なところで死んでしまっても構わないと思っていた。それで大金見れば、家族だって俺が悪いとか言わないで、この金のせいでって思うだろ。そうすれば少しは悲しむんじゃないか。月給なんか1000ドルでもいいから、とにかく危険な場所につれてってくれと米兵にいつも言っていたんだ。いつもの生活を忘れられるから。バグダッドでは米軍と一緒に連日パトロールに出た。高機動多用途装輪車両ハンビーなど五～七台で200mくらい間隔をあけて進む。一度、ビルの最上階から銃撃されたことがあって、銃座にいた俺は即座に打ち返したよ。ネパール人の運転手はやばいやばいと言って怖がっていたけどね」

同二二日、クリシュナはネパールの友人に電話をして、金を借りられることになったが、それでもまだ2000ドルも足らないという。本当に内定を得られるならば私が融資してもよいかも、という話をした。彼らの給料は口座振込みなので、PMCに話して、最初の一カ月だけを私の口座に入れる、ということも不可能ではないようだ。

この日は彼が仲良くなった米兵の話をしてくれた。

「大胸筋も上腕二頭筋も巨大な男で、いつも肩組んできて、気さくな奴だった。でもパトロールに出たときに右脇腹《わきばら》をＡＫ47で撃ち抜かれ、左脇に貫通して直径20㎝以上の穴が開いて、内臓が飛び出した状態で運び込まれてきた。二言、三言、嫁さんと子どもの名前かな、愛してる、愛してると繰り返しながら息を引き取った。俺も泣いたよ。テロリストめ、と思った。イラクで俺たちが戦っていた相手はまさにテロリストだ」

更に、イラクにおける警備体制と任務についても話してくれた。

「モスル空港は三重に囲まれていて、一番外の門をイラク兵、二番目をトルコ人業者、三番目を米兵が担当していた。十二時間の警備が終わると米兵に装備を返して終了する。装備は自動小銃ＡＫ47、Ｍ16、汎用《はんよう》機関銃Ｍ２４０など。ＡＫ47は28発入れた弾倉を八つ、手榴弾《しゅりゅうだん》も持った。Ｍ２４０は常に二人組だ。警備のときは一人ずつ分散して立つんだが、一定以上近づいてきたものは人でも動物でもなんでも撃ち殺せと言われていた。食堂の残飯を食いにやってくる犬に爆弾が巻きつけられていてリモコン操作で爆発することもあるので、とにかく離れている段階で撃ち殺さないといけない。毎日迫撃砲やロケット砲の攻撃で爆発があって、忙しかった。二百五十人のネパール人警備員がいるうち、同僚のネパール人四人が死んだ。米兵が死ぬとカウントされるが、同時に死んでいるネパール人などは数に入らないわけだが」

〇三年四月のバグダッド陥落当時、私は市内に滞在して取材をしていた。市内に侵攻した当初、米軍は幹線道路の陸橋の上にスナイパーを配置し、近づいてくる車両を銃撃して乗っている人間を射殺していた。車内に残されていたイラク人の死体は死後三日ほどたって腐乱し、倍近くにふくれあがって、すさまじい腐臭を放っていた。その後の占領下においても手法は基本的に変わらず、各地に設けられた検問所に近づく人間は女性であろうと老人であろうと子どもであろうと撃ち殺していた、との元米兵の証言が報じられている。

同二三日、ネットカフェに行く途中に「14ビザOK」という求人張り紙を発見し、クリシュナらと事務所を訪ねた。就職活動を始めて一カ月あまりたったが、一向に進展が見られないため、なりふり構わないことにした。せっかく顔立ちの似たネパール人と活動しているので、「実は祖父がネパール人で、日本で働き、息子が日本人女性と結婚してできた子どもが私で、名前も国籍も日本のものにした。祖父の出身地がクリシュナと同じで、一緒にイラクに行くことになった。祖父がネパールに戻ったので孫の私が一緒に移住し、面倒を見ることになった」という設定とし、なぜ日本で働かないのかと問われた場合は、「我々の村では、軍人としてでなくても一度は危ないところで働かないと男として認められないというおきてがあり、三二歳だが村ではまだ小僧と呼ばれていて結婚もできない」と説明することでクリシュナと打ち合わせをしていた。

大柄なパキスタン人女性エージェントは「ラッキーなおじいさんだね」と言って了解し、ひとまず建設労働者で入ってから、パソコンが使えるなら事務職に移るなども可能、といった説明をして「明日、履歴書やパスポートを持って来い」と言った。

この日、クリシュナはよくしゃべった。

「米兵はたまに回ってきて労働者の経験などを聞いていく。あるネパール人親子は、子どもは趣味でパソコンを使えたので、事務所仕事に回されて暇なときにはゲームなんかやっていたが、父親は外の暑いところで警備をやっていたよ。英語ができると米兵と話せて違う職種に就けることもあるが、話せないとずっと放置される。英語ができると通訳もできるから重宝するらしい。体調を聞かれて、頭が痛い、などと言うと車に乗せられて米兵用の医務室に連れて行かれたこともあった。薬とかビタミン剤を大量に貰ったよ。英語ができないインド人が、俺と一緒にいただけで同じ体調だと思われて一緒に連れて行かれたこともあった。米兵は、クソセルカが、医者をちゃんと配置していないじゃないかって激怒していた。米兵は業者の労働者への待遇などもかなり厳しくチェックしていた。ジムの仕事中、米兵と話していて、『給料はいくらか』と聞かれたので、『イエスサー、月給500ドルです』と答えたら、『トルコ人は1200ドルと言っていたぞ、なぜ同じ仕事で同じように英語を話せるのに違うんだ、クソセルカが！』と怒って、結局、セルカ社はジムの契約から外されてしまった。すぐ他の業者に代わって、俺はボスにあっちの業者に移籍していいかと聞いたら、仕事がなくなったのだから帰れと言われた。ボス怒ってたよ。

警備をやっていたときは、米兵が週に一回は生活や仕事の状況を聞きに来て、『ネパールの友人よ、仕事決まるときにはいくら払わされた？』と親しげに聞いてくることがあるのだが、『払った』と言ってしまうと、『OK、明日帰れ』と言われてしまう。バグダッド勤務中に、それでネパール人二十四人が帰らされたのを見た。金を取って労働者を斡旋するのを米軍は禁じているんだ。実際はみんな払わされているけどね。

米兵は親切だったよ。骨ばっかりのやせたインド人がいて、彼は毎日泣きながら草刈りの仕事をしていたのだが、契約が終わるときに米兵に話しかけられて、もうすぐ仕事が終わってしまう、母も妻もメイドをやっていて生活が大変なんだと泣いたら同情されて、その米兵が八百五十人の大隊の中で寄付を募ったらしい。後で、この送金業者の番号に金が入っているから母親に電話して受け取らせろ、と紙を渡されていた。1万ドルは集まったんじゃないか？」

同二五日、事務所にパスポートを持っていくと、「斡旋料の半額の60KDを今払えば明日にもイラクへ行ける」という。「レシートをくれるのか」と聞くと激怒し、「私はここにいる。何が心配なのか。信じる者はイラクへ行ける。私が保証だ」と言って去ってしまった。しばらくして事務所へ行くと、アシスタントの男性がいて「50KD払えば正式な申請としてエントリーできる」というので、「払えば明日行けるのか」と聞くと、「たぶん」という。「金だけとって、明日も明後日も一年後もたぶんといい続ける気だろう」と指摘すると、激怒し「安全のためだ。せっかく手数料かけて仕事を取ってきてもお前たちがキャンセルしたらどうする。そのための金だ」という。更に夜になって訪ねると女性エージェントがいて、「信用しなさい。今も二十四人のネパール人からパスポートを預かって仕事を探している」と束を見せた。パスポートをエージェントに預けたものの戻ってこないというネパール人に何人も会っていたので、見せ物として持っているだけという可能性もあった。

しかし、仕事が決まっていないこちらとしてはやむを得ないので、パスポートと50ＫＤを渡すことにした。ただし、証拠を残すために渡している様子を携帯電話のカメラでこっそり動画撮影をしておいた。女性エージェントは「業者から、何カ国も旅している日本人がなぜイラクに行こうとしているのだと言われたけど、悪い男ではない、と説明しておいたからね。任せておきなさい」と自分の胸を叩《たた》いた。彼女が斡旋している今回の就職先は、バグダッドの米大使館の建設を請け負っているクウェートのファースト・クウェート社だというが、「ここに同意書の用紙があるから安心しな」と言って見せられた紙にはナインポート社という別の業者の名前が入っていて、給料の額など全ての欄が空白だった。一緒に来た別のネパール人によると「他の事務所でも同じものを見た」という。実際は下請け業者への斡旋をしているのかもしれないが、全くのでたらめということも考えられた。この件も結局、「明日イラクへ行ける」「次の木曜に行ける」などと繰り返すだけで、気を持たせるだけで少しも進展しなかった。

四月にアパートの同じ部屋に入ってきたネパール東部出身の三二歳、デパックは〇四年六月から〇五年三月まで、バグダッド西方の激戦地ファルージャの米軍基地で英国系給食業者ESSの食糧倉庫で作業員として働いた。ちなみに、〇四年三月三一日、ファルージャで殺害された米国のブラックウオーター社のスタッフ四人が護衛していたのはESS関連のトラックだ。この事件をきっかけに米軍はファルージャに大規模攻撃を仕掛けて住民に一〇〇〇人以上ともいわれる死者を出し、日本人人質拘束事件の背景ともなった。

デパックは、ネパールとインドのエージェントを経由して、ヨルダンへ飛び、二台の護衛車両とともにバスでバグダッドへ向かった。バグダッドからファルージャへも四台の護衛車両とともにバスで移動した。倉庫内で、キャンプ内に二カ所ある大食堂で使用する缶ジュースや食料、野菜などの箱をフォークリフトで運ぶ仕事で、一日十二時間働いて週休一日。フォークリフトの運転技術は現地で学び、半年後には衛生管理技術の研修を受け、社内検定試験に合格した。勤務中の事故で足にけがをしたため、バグダッドに運ばれてイラク軍基地で手当を受け、帰国した。イラク到着時に、ファルージャかバグダッド北東のバクバかと赴任地を聞かれ、前者を選んだという。いずれも激戦地で、「バクバのキャンプは小さくて、午後七時をすぎると安全のために全ての電気が消されるらしい。危険だから。妹の夫はバクバを選んで、今（〇七年四月）も料理補助の仕事をしている」という。ファルージャでの初任給は500ドル、バクバは700ドル。デパックは昇給して最終的には月給730ドルだった。

滞在中にファルージャの治安は悪化の一途をたどり、〇四年一一月には再び米軍による大規模攻撃に至った。「敵からの反撃で一日に一発は迫撃砲弾やロケット弾が撃ち込まれた。一度は、仕事を終えて宿泊所へバスで戻る途中に撃ち込まれて、米兵七人が死んだところを500mほど離れたところで見ていた。200mほど先に落ちたこともあったよ。民間労働者が死んだという話は聞いていないけども。ファルージャはイスラム教スンニ派ばかりで、みんなサダム・フセインの支持者。相手は全てテロリストだよ」と語った。

労働者たちが基地の外で一般のイラク人と接する機会はまずない。イラクで何が起こっていて、住民がどのような状態におかれているのか、どのような事情で米軍側と戦っているのか、イラク人側の事情を知ることはないようだ。

イラクに行くのは食えないから？

ネパール東南部出身で二七歳のカマルは農場を持ち、「一日1ドルどころか、一年1ドルでも食っていくことはできる」という、自給自足のスローライフの体現者だ。それでもイラクで働きたいという。自宅は暖かい東南部の平野で、米は二期作で年に5600kgを収穫し、精米後の4620kgのうち、家族消費分の残りを1kg約3・5ドルで売却。その他、トマト、ジャガイモ、小麦など自家消費用の殆どの野菜類を作り、繁殖用の牛二頭、豚三頭、自家消費用のヤギ数頭を飼育している。「でも現金がないとタバコも吸えないし、何の楽しみもない。確かに食うには困っていないが、今のままでは食べて出して食べて出してだけで人生終わり。いつも働いていて汚いし、うらやましがられるようなものではない。病気になったら医者に診て貰わないといけないし、貯金が必要だ。今の家が小さいのでもっと大きくしたいから金がいる。イラクで金をためたら、村にネットカフェを開くか、乗り合いバスをやるか。色々考えている。みんなネット好きだけど村にはないし、バスも必要。日銭が入ればタバコを吸うにも困らないし。今はうちには自転車しかない。何もない貧乏生活だよ」

〇六年六月に結婚し、〇七年九月に第一子が生まれる予定だが、イラク労働を希望した。エージェントに約1200ドルを払って〇一年から五年間、マレーシアで月給約250ドルの電器店の店員をやった。「滞在費もかかったし、マレーシアは自由なのでさんざん遊んで、大して貯金もたまらなかった。イラクでは遊びもないだろうし、金をためて、次は給料がよさそうなイスラエルあたりを狙う。日本にも行きたいが斡旋料が高すぎて無理だな」と言った。

ネパール西部のヒマラヤの麓ポカラから来た三七歳のラマは、やはり料理労働者を希望し、親戚中からかき集めた2700ドルを払ってクウェートへ来た。「イラクで給料がよければ二年くらい働いて、稼いだら大きな家を買いたい」と夢を語った。

十七年間、エベレストやアンナプルナなどへの登山隊のポーターやトレッキングガイドをし、日本や韓国、シンガポール、オーストリア、フランスなどからの旅行者を案内して一日5〜10ドルほどを稼いでいたが、共産党毛沢東派の内戦で混乱し、旅行者が激減したため、〇一年から四年間はマレーシアで掃除の仕事をしていた。週五日の労働で月給は75ドル。家賃や電気・水道代、食費を引いて残った15ドルほどを家族に送金していた。家族は妻と一六歳の息子、一三歳の娘との四人暮らしで、家賃や食費、学費その他の生活費で一カ月に最低60ドル前後必要だ。マレーシア時代は仕送りできる額もわずかで、妻も働くなどで何とか家計をまかなっていた。その後も実家に借金するなどで生計を立ててきたという。十年続いたネパールの内戦は〇六年に和平合意が結ばれたが、その間、戦火を避ける意味もあって外国へ出稼ぎに出る人が急増し、その流れは止まりそうにない。

「マレーシアでは殆ど金がたまらなかった。イラクなら貯金ができる」とラマは期待している。「ポカラなら二階建て各階四部屋の家で5万ドル、首都カトマンズだと6万か7万ドルはする。まあ四人家族なので一階建て三部屋でもいいから、半額くらいもあればいいか」と皮算用をした。しかし、600ドルと言われて来たが、提示されたのは380ドルほど。ガイド時代に覚えた日本語で「エージェント、ヤクザね」と言った。が、それでも多少の昇給があれば数年で家を買うことも可能な計算だ。

ネパール南部から来た二四歳の電気技師スシルは、一九歳からドバイで働き、英語とアラビア語を覚えた。彼の父も電気技師で、中東で出稼ぎをしており、スシルは日本人教師のいる私立専門学校で電気工事技術全般を学んだという。私立の学校に通えた時点でネパールの中では恵まれた立場といえる。親が出稼ぎで稼いだ金で子どもが私立学校で技術と語学を学び、いずれは外国で稼いでその子どもによい教育を受けさせる、というのがネパール人一般の持つ目標である。スシルがイラクに行きたいのは「大きなニュースになっている場所を一度見てみたい」からだ。私が「米軍基地で労働をするということは米軍の戦争に参加することだが、イラク戦争についてどう考えているのか」と聞くと、「大量破壊兵器もなかったし、おかしな戦争だとは思う。でもなぜイラク人同士で殺しあうんだ。米軍がいることが悪いことなのか、どちらがよくないのか、自分には分からない。でも、ネパール人の殆どはそんなことは何も考えていないだろう。新聞など読まないし、セクシー雑誌しか見ないから」と答えた。

前述の元軍人ロックはインド軍に十六年在籍。カシミールやスリランカの紛争に派遣された経験を持つ。〇二年九月からアフガニスタンの首都カブールと南部カンダハルで七カ月間、カナダ軍基地に勤務。〇三年八月からイラク南部のバスラで護送部隊要員と基地の門の警備を六カ月間、北部モスルで三カ月間、バグダッドで四カ月間、門の警備をした。バスラでは二度戦闘に巻き込まれ、汎用機関銃で応戦したという。護送部隊は月給3000ドル、警備は1000ドルで、計十三カ月で計2万ドルを稼いだ。三兄弟の長男で、次男は英軍ネパール人部隊に所属。三男も英軍の試験を受ける予定だ。二人の妹のうち、一人は独身で三〇歳。私立高校に入学して勉強中のため、学費が月100ドルほどかかる。父と継母、妻、三歳の娘も同居している。「大きな家を建てたし、近所から親戚や友人が来るとごちそうするのでかなり出費がかさんだ。娘が小さいし、父も三男も働いていないので四回目を目指してやってきた」という。

十九世紀初頭にネパール侵攻に失敗した英軍は、ネパール人を兵力として用いるようになった。現在も英軍、インド軍にはネパール人部隊が存在し、典型的な海外出稼ぎ先として定着している。特に英軍部隊経験者の多くはネパールの地元に豪邸を建てるなどの成功を収めており、英軍入隊は今もネパール人の夢の一つだ。しかし、入隊審査が厳しいためにかなりの狭き門となっており、それよりも手っ取り早く稼げるイラクを目指す元軍人は多い。世界各地の大使館の警備や、シンガポール警察などもネパール人が担っているが、給料の高いイラクに流れる人も多く、イラク国内で活動しているPMCの殆どがネパール人を採用している。

カトマンズ近郊出身で二四歳の元インド軍兵士チャビは、初めてのイラク入りを目指してロックと就職活動をしていた。実家は小さな宿を経営しており、料理を担当していた時期もあったが、「イラクの戦闘地域で働いたという経験が欲しい。次の仕事に繋がるから」と話す。

「ネパール人は世界中で兵士として働いてきた。自分もマレーシアで警備員をやった経験なら
ある。現場が戦場であってもそれも我々の本分みたいなもので、怖いとは思わない。怖がる人
は無職でも行かないけどな。でも危険な場所だから俺たちに仕事がくる。戦闘で死ぬかもしれ
ないが、仕事がなくてメシが食えなくても死ぬだろ。同じことさ。だから米軍が撤退してイラ
クが戦場でなくなったら困るんだ」と冗談まじりに言った。

〇四年八月、十二人のネパール人労働者がイラクの武装勢力アンサール・アル・スンナに拘束され処刑されるという事件が起こった。彼らはヨルダンで働いていたが、安全な場所でもっと稼げると言われてイラクへ向かったという。殺害される場面がインターネットに公開され、カトマンズ市内の暴動も引き起こした。しかし、ネパール政府は国民のイラクへの渡航を禁じたものの、この事件後もイラク行き希望者は後を絶たず、〇七年の時点で一万七千人を超えるネパール人がイラク国内で活動しているという。

ネパールは国際労働機関（ＩＬＯ）によって世界最貧国と指定されている。一日の可処分所得が1ドル以下という人が労働力人口のうちの40％前後を占める。国民一人あたりのＧＤＰは約３００ドル。現金収入がなくても食えていることを表している一面もあるが、私立の高校に子どもが一人通えば月に数十ドルはかかることを考えると、格差の実態が想像できる。年間に

数千から一万人以上の子どもが売られていくほか、インドなどで四十万人以上のネパール人女性が売春に従事しているとの統計もある。デリーやコルカタ、ムンバイのスラムのような地域で、客一人につき数ドル程度で売春をしているのは多くがネパール人女性である。

しかし、こうした貧困層は外国へ出稼ぎに行こうにも、エージェントに斡旋料を払うことができない。戦場イラクに出稼ぎに行くのは、親族に現金か不動産などの一定以上の資産がある人だけだ。クウェートでイラクへの就職を狙っていた青年の一人は「遊んでばかりいたら、イラクにでも行って働け、と親に送り出された」と話していた。「明日食うにも困っている」という深刻さを語る人には出会えなかった。

インド、バングラデシュ、フィリピン、パキスタンの出身のエージェントを訪ねた私の感触では、これらの国の出身者もネパール人と同様の仕組みでイラク入りしているようだった。出稼ぎのために斡旋料が必要なのはほぼ各国同様で、ある程度の資産がなければイラクに行くことができないのも基本的に共通していると考えてよいだろう。

イラクに行かない男

ぼろアパートに住み始めた当初、同室に電気技師の二八歳のインド人がいた。クウェート市内中心部の商業ビルで電気システムの管理をしている。彼は私を見かけると英語でたびたび話しかけてきた。「自分はよい電気技師なのだが、英語があまりできないのでよい仕事に就けないでいる。英語学校に100KD（約四万円）を払って通ったが、ただテキストを買わされて読むだけ。無意味だった。だから自分で一時間毎日勉強しているんだ」彼はよく、英会話のテキストを、声を出して読んでいた。

「英語ができればよい職に就けるのに。俺は教育を受けていない。出稼ぎではなくてインドの地元に自分の店を開きたいのだが、3000ドルはかかる。今は毎日夜勤で月給は80KD（約三万二千円）で、部屋代と食事代の計31KDを払うと49KDしか残らない。色々生活費はかかるから仕送りできるのはもっと少ないし、殆ど貯金がたまらない。クウェートに来るのに300KDもかかったのに。せめて英語ができればいいんだけど」

そこで私は提案してみた。「ならばイラクに行けばいいじゃないか。18ビザを持っているのだから仕事は簡単に見つかる。電気技師で行くにはもっと英語を話せる必要があるかもしれないが、建設労働者なら簡単に見つかる。一年だけ月給150KDで働いて貯金をつくればいい。食事も宿泊費も無料だから全て貯金できる。その金で学校に通えばいい。すぐ店を開くことも可能なんじゃないか」

しかし彼は嫌がった。「イラクなんて危ないじゃないか。建設労働者なんて、石とか運ぶだけなんだぞ。そんな仕事はしたくない。俺は電気技師なんだ。手を怪我したら大変じゃないか。

建設労働者をやっている連中なんて体ぼろぼろだ。俺は優秀な電気技師なんだぞ」

ここで、本気でイラクに行きたくないのか、そそのかしてみた。「しかし、それでは人生は変わらないぞ。まず思い込みを変えることが大事なんだ。何も建設労働者でなければならないわけじゃない。給食労働者だっていい。たった一年だけ我慢すればいい」「だって危ないじゃないか、イラクは」「町では爆発などが起きているが、基地の中がやられているわけじゃない。もちろん迫撃弾が来ることはあるが、外での事件ほどの被害の話は聞かないだろ」

実際には基地の中にいても迫撃砲攻撃などで死傷した事例があるが、ネパール人らが話している程度の現場感覚を伝えてみた。「そうは言ってもなあ……」つぶやきながら彼は電話屋へと入っていった。見合い結婚をした妻は四〇歳、娘は三歳。久々に家族に電話をしたくなったらしい。娘が出たらしく、顔いっぱいに笑顔を広げて何かを話し始めた。

家族から離れて出稼ぎに来て、南京虫だらけのアパートに住んで毎日夜勤をしている彼のインドでの暮らしが、イラクを目指す人々の暮らしよりも裕福であるとは思えない。彼はイラク情勢について詳しく調べたうえで判断しているわけではないが、イラクで働くならば金は入ってもリスクも伴うことは分かっている。当然、失いかねないものもある。

安月給の現状への不満を口にしながら、そこから飛び出すための発想と努力が足りないのではないか、と仕事が決まらずいらいらしていた私はつい思ったが、家族とうれしそうに話す姿を見て、貧乏ではあっても、彼なりの価値判断において、イラクは出稼ぎに行く場所ではない、と考えるのは少しもおかしなことではないとも思った。

ネパール人になれ

「もうネパール人になるしかないだろう」

クウェート入りして一カ月半がたった三月下旬ころ、一緒に就職活動をしていたネパール人のクリシュナらが言った。既に三十社以上のエージェントに応募していたが、ことごとく退けられていた。エージェントの集会に参加した電気技師のスシルは、「みんなお前のこと知っていたぞ。相手にしない方がいい、などと言っていた」と私に知らせに来た。日本人だからとなると対策の取りようがない。そこで彼らは、ネパール人のパスポートを作れ、と提案してきたわけだ。ネパールのパスポートは偽造や改造を防ぐための特殊なインクを使うなどの高度な技術が使われておらず、証明写真をそのまま張り付けてビニールでカバーをつけているだけだ。カバーをはがして写真を入れ替えるだけで簡単に他人のパスポートになってしまう。例えば日本で不法就労を摘発されてブラックリストに載せられても、別の名前のパスポートで再びやってくる人もいるという。

イラクで就労する際に、労働者が逃げられないようパスポートを取り上げる業者がある、といった報道もあり、「最初から複数のパスポートをイラクに持ち込み、他によい仕事があれば、当初とは違うパスポートを使って現地で転職活動をする人もいる」と、複数のネパール人が言っていた。

また、元インド軍兵士のチャビによると、PMCは、インド人よりも軍人として優秀と評価し、モンゴロイドで現地人とは明らかに顔つきの違うネパール人を雇いたがるため、改造ネパールパスポートで国籍を偽ってイラク入りを狙うモンゴロイド系のインド人が増えているという。私と同室で、やはりイラク入りを狙っていた元インド軍兵士のインド人男性は、六〇歳という年齢も隠すために自分よりも若い四四歳のネパール人のパスポートを改造して使用し、まんまとインド出国、クウェート入国を果たしており、陳腐な改造ながらパスポート自体は見抜かれないことが分かった。もっとも、このインド人はPMCの面接で「どう見ても四十代には見えない」と見抜かれてことごとく面接に失敗したらしい。

改造ネパールパスポートは、クウェートで作れば150KD、インドならば50KDで作れるという。パスポート、14ビザ、インドからのチケットのセットで200KDというオファーもあった。クウェートでも作成できるのは、メイドなど一般家庭で働くための20ビザは安いが一つの家庭で働くことしかできないので、入国後にパスポートごと手放して民間業者で働こうとするネパール人も多く、これを買い取って写真を入れ替えるという手法によるらしい。ただ、パスポート番号を確認されると、どこかの家庭に属しているはずの外国人、ということが発覚する恐れがあり、20ビザを受け入れる業者も少ないために使い勝手は悪い、という。

一方、あるネパール人エージェントによると、入国スタンプについては「空港の入管に人脈があるからいつでも押して貰える」といい、インドでネパールパスポートを作って隠し持ったまままず自分の本物のパスポートでクウェートに入国し、後からネパールパスポートに入国スタンプを押すことも可能という。彼らはビザの期限が切れていても、出国手続きの際に見逃して貰うよう裏から手を回すこともあるらしい。

ネパールパスポートを使う場合、そもそも作成自体が違法である以外に、ネパール語を使えなければ露見しやすいほか、イラク国内で武装勢力などに拘束された場合に、政治的・金銭的に利用価値のある日本人よりも、〇四年に処刑された十二人のように問答無用で殺害される可能性が高い。人質として何かの要求が出されたとしても身元が確認できないため、ネパール側も日本側も対応できないうえに、改造パスポートであることが分かった場合には不審人物としての疑いが増すなど、様々なリスクがある。日本人として入ればあくまで日本人として扱われるが、実際のネパール人労働者がイラクでどのように扱われているのかを体験するにはネパールパスポートはもってこいだ。

イラクに行けずにオーバーステイ

〇七年四月一六日午後八時すぎ、アパート近くの広場で、百人以上のイラク行き希望のネパール人が、一人のネパール人エージェントを取り囲んでいた。内定が決まったといわれていたカマルら全員が未だにイラクへ行けず、クウェート入国から二カ月近くたってオーバーステイ状態にあった。

「いったいいつになればイラクに行けるんだ。明日にでも行けなければネパールに帰るぞ。みんなで警察に出頭して、強制退去で帰る」とつめよるネパール人。

「内定が取れているのはヨルダンの業者ＳＢＩＧで、クウェートに事務所がないので手間取っているだけだ。明日、該当の八十人全員に二回目の予防注射をする。一人あたり10ＫＤを業者が無意味に払うはずないだろう。すぐに出発できる。信じろ」と必死になだめるエージェント。

「すぐ出発、すぐ出発と言い続けているだけじゃないか。いったいどうやって信じろと言うんだ！」と彼らはますます逆上する。

彼らは実際に警察を呼んだが、エージェントがアラビア語で「ネパール人がイラクに行こうと集まって協議しているだけ」と言い繕った。私がエージェントの肩を叩いてやると、「彼らがイラクに行けるとしても、オーバーステイのために出国の際には一人一日あたり10ＫＤの罰金があり、業者と自分が半分ずつ払うことになった。今回は全く利益なしだよ。困ったけど仕方がない。こんなこと初めて」と泣き言を言った。

　同一九日、五十人のネパール人がＳＢＩＧと正式に同意書を交わした。以前は月給１１０ＫＤの提示だったが、クウェート労働並みの70ＫＤと月40ドルの残業代に値下がりした。それでも四人を除いて泣く泣く同意したという。拒否した一人のカマルは「２８００ドル払ってきているのに月給２４０ドルはひどすぎるだろ」と憤っていた。

イラク入りが決まらず、イラク就労希望のネパール人百人ほどが、エージェントを取り囲んでつるし上げていた。2007年４月16日、クウェート市

　五月二日、数日後に、たまに行われるという恩赦でオーバーステイの罰金を払わずに出国できる見込みになり、全員が帰国を希望した。出国手続きの手伝いをしていた電気技師のスシルは「無茶な安い月給を提示してきたのは、実際には採用枠がないので帰る気にさせるためだったのだろう。もちろん恩赦を見越してのことだ」と分析した。

　就職希望者の一人は「罰金を負担しなくてよい業者とエージェントは大喜びだ。しかし、就職が決まらなかったのだから当然斡旋料は払い戻しすべきだ。エージェントは今回、就職希望者一人当たり1000ドル近い報酬を得ているらしい」と語った。結局、数日後にこのまま全員が出国したが、斡旋料の払い戻しはいっさいされなかったという。だまされてイラクに送られる人もいるが、逆にだまされてイラクに行けなかったという人も相当数いるようだ。

私と一緒にあるパキスタン人女性エージェントに申請したクリシュナら元軍人五人は三月二九日に、月給90KDのクウェート国内の警備員の採用が決まりかけたが、採用手続き期間中にビザの期限が切れてしまうことが判明した。この職を提示したフィリピン人エージェントがビザの延長手続きを勧めたが、ビザの身元引受人が一週間の延長に100KDを要求。彼らは採用の保証もないため断念した。同時期に別のエージェントから月給700ドルのイラク北部の警備員の枠を提示され、いったん出国して再入国するための新しい14ビザをやはり100KDで提示されたが、クリシュナらはこれを断り、70KDでよいというネパール人ブローカーに依頼。四月五日に出国し、新しいビザをインドで待ったが、いつまでたっても送られてこず、その間に警備員の枠も埋まってしまった。

希望者の多いイラク労働の口は簡単には見つからない。ネパール人たちは、その望みをかなえられずに続々と帰国の途についていた。

急展開

「本当にコックの経験があるのか。どこでだ」「日本。東京」「証明書はないのか」「働いていたレストランバーに頼めば送ってくれるが、今は持っていない」「……。ではトマトはどう切る？」「……。ナイフで」

〇七年四月五日、サウジ・ケータリング社との契約でネパール人をイラクに送り込んでいるフィリピン人女性エージェントを訪ねると、同社のレバノン人採用責任者がたまたま来ており、そのまま面接となった。しかし、「雇うことは可能だ」と言ったものの、見るからに気乗りしていない様子が分かる。ここは何度か訪れていたエージェントで、妹が日本人と結婚して大阪に住んでいる、といった話もしており、日本人好きな印象だった。恐らく業者に売り込みをしてくれていたのだろう。

「その手は何だ。病気じゃないのか」突然、採用責任者が大声を出した。私は春先になると手のひらの皮がむけることがあり、特に南京虫アパートで毛布を手洗いするなどで手荒れもしていて、うかつにもそれを相手に見られてしまった。「この季節にはいつもこうなるが、すぐにすっかりきれいになる」と私は言ったが、採用責任者は女性エージェントのところへ私を連れていき、「見ろ。これは病気だ」と大声で言った。「そんなこと健康診断すれば分かるでしょ。

ただの手荒れって言っているし」と女性エージェントはなだめたが、「それくらいで手荒れだなんて、キツい仕事ができるのか？」といらいらした様子で言った。

結局、数分後に不採用を言い渡された。女性エージェントは「要するに日本人を雇いたくないんだよ。何かのミッションじゃないかとか、捕まったときの補償金が高いとか。まあ、また来な。ちゃんとプッシュしておいてやるから。ただアパートで座って仕事が決まるのを待っているだけだなんて、見ていられないよ」

座っているだけなのはネパール人なのだが、一緒にこの事務所を訪ねていたため同類だと思われていた。私は既に三十社以上に申請していたが、仕事が決まっていないという点では同じだ。同情されているほうがよいので黙ってうなだれておいた。

それにしても、なぜ日本人だと問題なのか。これが分からないことには対策の取りようがない。日本政府のスパイでは、とも言われたが、それなら日本人自らイラクへ行く必要はなく、怪しまれにくいネパール人なりインド人なりを雇って送り込む方が適切だろう。日本人が捕まると補償金が高い、との指摘もあったが、相手の要求とは関係なく、他の労働者と同じだけ出してあとは結果次第でよいはずだ。そもそも日本人だといくらで、ネパール人らはいくらなのか？

これらを聞くために、二日後、再び事務所を訪れたが採用責任者はおらず、女性エージェントに「残念だね。断られたよ、日本人だから」とさっそくとどめをさされた。しかし、聞くべきことだけは聞かなければならない。建物の入り口前で待ち伏せをし、数十分後、採用責任者がやってきたところをつかまえて「昨日は面接をしてくれてありがとうございました。ところで……」と言いかけたところ、「後でもう一度面接をやろう。この男と」と後ろにいた坊主頭の大柄な男性を指さした。イラク・ウムカスルの米軍基地キャンプブッカで、ダイニングの現場監督として現地の給食事業の全てを取り仕切る人物だという。

事務所にはネパール人も数人いたが、英語ができ、ビザが期限切れでない二人と私だけが奥の部屋に呼ばれた。「英語は十分にできるか。ヒンズー語はできないのか。英語が全て理解できないと誰ともコミュニケーションがとれず問題が起こる。どんな仕事がしたいのだ？　肌に問題があるのか？」と現場監督が私に言った。「英語は十分だと思う。働いていたのは小さなレストランで、ウェイター、コック、アシスタント、掃除担当も全てやっていた」と私。「証明書はないのか？」と採用責任者。「レストランのボスに頼まないといけない」と私。首をふる採用責任者。「手を見せろ」「毎年この時期に皮が入れ替わる。季節の変わり目に起こるのだが、なぜかは知らない。更に、部屋があまりに汚いので毛布やマットレスなどを洗っているうちに手荒れした。あと一週間もすれば全て入れ替わってすっかりよくなるはずだ」と私。納得した様子でうなずく現場監督。「健康診断でだめならだめだからな」と採用責任者。なんと採用だという。

「本気で日本人を雇うの？」と女性エージェント。「日本人好きだから」「補償高いよ」「ネパール人と同額しか払わんよ」「仕事はウェイターだ。英語ができるから。三カ月契約で、後は追加していく。月給は１１０ＫＤ。十二時間労働。給料は手渡しだから、ちゃんとポケットに入れて閉めておけよ」と採用責任者。

「なぜ日本で働かないのだ？」と現場監督。「日本で十年近くも働いてきて退屈していた。もっとエキサイティングなところで働きたい」と私。現場監督は目を大きくしてニヤリとしたが、すぐに能面のような顔になった。上下関係をはっきりさせ、労働者になめられないように、こうした場所の監督は無表情で威圧的な態度を取るのが一般的なようだ。「現場ではしゃべりすぎるなよ。米兵が色々話しかけてくるが、いっさい何も話すな。分かったか」と採用責任者。やはり米兵によるチェックが行われているようだ。

二日後の九日に市内の大規模病院で行われた健康診断は、血液検査、検尿、検便、胸のＸ線検査、心電図、聴診器、触診で検査。Ａ、Ｂ型肝炎、破傷風の予防接種をして終了。経費の95・５ＫＤ（約三万九千円）はサウジ・ケータリング社が負担する。

どんでん返しで採用が決まり、ついにイラク行きが実現しそうだ。夜、部屋のベッドに寝そべって、「ウムカスルはクウェートとの国境間近でイラクという印象はないし、米軍が拘束した武装勢力構成員容疑者の刑務所があるくらいで、迫撃砲攻撃などはないのではないか。それでもイラクはイラクだし……」などと考えていたところで携帯電話がなった。

一カ月ほど前に料理人として応募していた別のインド人エージェントだ。唯一、「日本人でも問題ない」と言い切った男で、こちらも何度か電話し、「分かってくれるのはあなただけだ。よろしく頼む」と念押しし、「すしが握れるか」という質問に答えるために、最高級ホテルの中の日本食レストランで中東のすしのレベルをチェックし、「俺のほうが確実に上だ」と電話で伝えるなど、まめに売り込みをしておいた相手だ。

「明日の夜に出発する。アシスタントシェフで月給300KD。場所はディワニヤ」

面接など何もなく、突然の採用と出発通知だった。こうしたことは重なるものなのか。サウジ・ケータリング社で内定を取り、健康診断を終えたその日のことである。

翌一〇日、郊外の高級住宅地にある二階建ての邸宅兼事務所を訪ねた。米国人社長に引き合わされ、面接めいたものすらなく、いきなり契約書にサインを求められた。米国人経営者によるクウェート籍の業者ベクター社（以下V社）である。

勤務地はバグダッドから南方約180㎞のカディシヤ州の州都ディワニヤ。イラク陸軍第八師団訓練基地の建設現場で給食事業にあたる。隣接する多国籍軍基地キャンプエコーには、中南部を管轄するポーランド軍を中心に九カ国の軍が駐留しているが、〇七年四月には、地元武装勢力がキャンプエコーに激しい攻撃をしかけ、市内でも激しい戦闘が繰り返されていた。

ディワニヤへは、この日の夜、食材を運ぶトラックに同乗して陸路で向かうといい、防弾チョッキとヘルメット、「四日はやっていける分」として米軍の戦闘糧食（ＭＲＥ）十二食分を渡された。民間人労働者の死者が最も出やすいのは移動中で、トラック運転手の犠牲者が多い。今回の取材対象は戦場の民間人労働者であり、これに同乗できるとは、またとない機会である。携帯もカメラも持ち込んでよいという。文句のつけどころがない。

職場は米軍基地ではないが、内陸の激戦地に滞在できる点に魅力を感じ、契約を結ぶことにした。サウジ・ケータリング社とはまだ契約は交わしておらず、出発日も未定だったため、今夜出発という点にも魅かれた。ネパール人が、出発できると言われ続けながら取り消しになった例を見ていたからだ。契約内容は以下の通り。

1　被雇用者の肩書きと地位／アシスタントシェフ
2　基本月給／３００ＫＤ（支払いはドル）
3　契約期間／六カ月　相互の合意の下に更新可
4　移動経費／企業（Ｖ社）が勤務地への往復を負担
5　宿泊／無料（独身者用）
6　食事／無料

7　労働日数と時間／仕事上必要な限り
8　残業／なし
9　医療／労働現場で負傷した場合は無料
10　保険／雇用された国の法に基づき、死や怪我に対する必要な保険は無料
11　説明／雇用者と被雇用者は、この条項と条件を読み、完全に理解していることを保証し、申請書とともに以上の条項と条件のみが同意事項であり、この契約以外の他のいっさいの合意や理解は無効であることを確約する

イラクへ

結局、夜の出発はなくなり、一一日の朝になった。インド人エージェントによると、「事情は分からないが国境が閉じたからだ」という。彼はフリーのエージェントながら、V社の物資調達も請け負っていた。

〇七年四月一一日午前九時五十分ころ、タクシーで乗り付けた郊外にある輸送業者の広大な敷地から、冷蔵車両をつけたトラックに乗って出発。どんよりとした曇り空で、風も強い。イラク国境付近はかなりの砂が舞っているのではないか。

同十一時ころ、多数の企業の倉庫が並ぶトレーディングエリアに着き、野菜や果物、冷凍の

肉や魚、調味料、缶ジュースなどの積荷を開始。しかし、なかなか出発しない。エージェントは「国外持ち出しの許可が出ない。あまりに多くの企業が待っているので順番が回ってこない。金を渡せば優先されるのだが、渡さないと全く前に進まない」とぼやく。

この間に、イラク関係の活動をしている非政府組織（NGO）の友人から「労働者としてイラクに入るということを、他のNGOの友人にも話した」という内容のメールが届いた。私は「身分を偽って基地に入るのだから、日本政府やメディアなどに情報がもれたら大変なことになる。誰にこのことを伝えるかは俺だけが決めること。勝手に人に話すな。殺す気か」と怒りの返信をした。今回は通常と違って内部に密かに入りこんでの取材だ。陸路でのイラク入りを目前にひかえていたこともあり、やはり相当に緊張していたようだ。

トラックは防弾仕様でもないごく普通の大型車だ。米軍の護送車列で移動するのが一般的だが、武装勢力などの攻撃にさらされた場合、自動小銃程度でも簡単に窓ガラスやドアを貫通するだろう。米国のNGOのウェブサイト「イラク連合軍犠牲者数統計」によれば、同NGOが把握している開戦から〇八年末までの民間人労働者の死者数四百四十六人のうち、トラックなどの運転手は八十人。武装警備・護衛要員の百八十七人に次ぐ数だ。いずれも基地の外で襲撃された場合と考えてよい。トラック運転手の月給は平均して１２００ドル前後。武装警備員と同程度で、その他の業種と比べても破格であり、トラック運転手がいかに危険な仕事であるかを示している。最も興味のあったトラック移動を、便乗するかたちで経験できることに興奮を覚えた。

出発は午後七時になった。あたりは既に暗くなっている。砂漠の中の一本道で、たまにフェンスで囲まれた何かの施設が離れた場所に見える程度。ごくごく静かだ。国境を越えられるだろうか。襲撃されても生き残れるだろうか。慣れない料理の仕事をうまくこなせるだろうか。取材目的であることを見抜かれずに半年間も滞在し続けられるだろうか。イラク側に入ってからの陸路の移動の間、携帯電話の接続はうまくいくだろうか。考えてみれば、〇三年三月二〇日のイラク開戦当日に、ヨルダンからイラク国境を目指してバスに乗ったのも夜だった。あれからこう何度もイラクを目指すことになるとは、あのころは考えていなかった。戦場での死傷、拘束などは日常茶飯事だし、完全に避けることなどできないが、特に今回はわずかのミスも許されない。色々な不安がぐるぐると頭の中をうずまいていた。

午後八時半ころ、国境近くのパーキングエリアに到着。同じ米軍の護送車列に参加する別の業者のレバノン人スタッフが来て、こちらのインド人エージェントとお互いの積荷リストを交換した。レバノン人は「運転手は誰だ？　日本人か？」などと笑顔も見せずに質問をしている。恐らく私の乗ったトラックは彼らの車列に便乗するかたちなのだろう。国境越えは正規の出入国手続きを経るのではなく、国境をまたいで存在する多国籍軍基地内を通過するのだが、対米軍の手続きを彼らが行うため、パスポートとビザの現物を預けた。

午後九時に米軍基地に入る予定で待機していたが、すぐに彼らが戻ってきて「やつら、明日の朝九時に変えやがった。くそったれが。俺たちもいったん家に戻らないといけない。朝まで待って貰うことになって申し訳ない」と言った。イラク国内の夜間の陸路移動はないだろうから、これは想定の範囲内だ。レストランでマトンカレーとチキンチリ、ご飯とインドのパン・チャパティの夕食を済ませ、私はトラックの運転席の後ろのマットレスに、パキスタン人運転手とインド人は冷蔵庫の電源を切って中で夜を明かすことになった。

翌一二日午前九時、正規の出入国管理施設の東側にある基地に、二十台ほどのオイルトレーラーに続いて敷地内へ。五つあるレーンの三番に並ぶ。ディワニヤへは、まず南部の大都市バスラの米軍基地に入り、翌日、チグリス川の左岸側を北上し、東へ迂回《うかい》するかたちで向かうという。レバノン人が来て、「護送車列の都合で、出発は夜になる」と言った。雨がぱらぱらと降り出し、横のレーンのトラック運転手が、チャンスとばかりにバケツを持って外に出て洗濯を始めた。やがて土砂降りになり、砂漠をならしただけの駐車場はあっという間に泥水の池と化した。もっとも、このまま待たされるとしても、車の中で非常食を食べていればよいので気にはならない。いよいよ迫ってきた国境越えに気持ちが高ぶっていた。

そこへ、再びレバノン人が来て「国境を通過できない。引き返す」と言い出した。多国籍軍基地を通過するためには米国防総省発給のIDカード・通称DODバッジか多国籍軍発給のIDカードが必要だが、私は持たされていなかった。V社との契約書類を見せたがだめだったという。「以前は通れたのだが、変わったらしい。申し訳ない。国境だから厳しいのだ」とレバノン人。全荷物と防弾チョッキ、ヘルメット、35ℓほどの自分のザックを担いで、土砂降りの中を基地の外にある彼の車まで走った。

結局、振り出しに戻ってクウェート市内へ。この間、サウジ・ケータリング社に私を斡旋したフィリピン人女性エージェントから電話で「どこにいるのか。明日出発なのに。キャンセル？　それなら健康診断費を払わないといけない。すぐに戻ってきなさい」と言われていた。V社で出発できないか、国境を通過できない場合に備えて〝滑り止め〟としてキャンセルせず、国境を無事越えたところで電話をするつもりだったが、すぐに事務所へ行って健康診断費95・5KD（約三万九千円）を払った。事実上のキャンセル料金だ。

この後、「一七日に五台のオイルトレーラーと出発」と言われるが、それも延期。「バッジは作成中」とインド人エージェントは言ったが、二一日には、一週間以内にイラク南部のバスラに飛んでから陸路、との話になった。バッジを作れずに国境を陸路で越えられなくなったのだろうと思っていたところ、二四日には、クウェート空港発バグダッド行きの飛行機に乗るための手配をした。五月三日午前八時発で、十人のPMC護衛要員とディワニヤまで南下するという話だ。しかし、翌日になって一一日に延期。本当に出発できるのだろうかと不安になってきたが、手元に防弾チョッキとヘルメットがあり、インチキだとも思えない。今のうちに、和食や中華料理の幾つかのメニューをネットで調べてメモしておく。

この間、ディワニヤでは米・イラク軍とイスラム教シーア派民兵組織マフディ軍が激しく交戦していた。これから向かう職場に隣接している多国籍軍基地キャンプエコーにロケット弾が撃ち込まれ、市内は夜間外出禁止令が出されており、電気などのインフラは機能しておらず、数百家族が逃げ出したという。このタイミングでまだ入れていないことに苛立《いらだ》ちを感じつつも、これからその激戦地に入れるということに胸が高鳴った。イラクの戦場労働の取材である以上、なるべく戦火の激しい場所に行かなければ意味がない。

出発は五月一一日だと思ってのんびりしていたところへ同二日、「明日朝に出発」の電話があった。

三日午前八時二二分、ついに搭乗。クウェートのNational Aviation Services社のプロペラ機、AH９０２７便。乗客は、四十人乗りの古びた機内に、米国人四人（若い女性二人）、インド人男性七人、日本人男性つまり私一人。クウェートでの二カ月半の就職活動を経て、ついに空路イラクへ。

アルメニア
アゼルバイジャン
トルコ
シリア
イラン
ヨルダン
イラク
クウェート
サウジアラビア
モスル
スレイマニア
キルクーク
チグリス川
サマッラ
バクバ
ファルージャ
ラマーディ
バグダッド
ヒッラ
カルバラ
ナジャフ
ディワニヤ
サマワ
ナシリヤ
ユーフラテス川
バスラ
ウムカスル

第二章　戦場労働の心得

拘束の三年間

プロペラ機の窓から地上を見下ろすと、ベージュ色の荒野に木立と湿原が点在するイラクらしい景色がはるか彼方まで広がっていた。バグダッドへ向かうのは約三年ぶりである。懐かしい光景を眺めながら、息の詰まるようだったこの間のことを思い出していた。

〇四年四月、私はバグダッドの西郊アブグレイブで取材中に拘束された。日本人三人が拉致され、引き換えにイラクで活動していた自衛隊の撤退を要求された「人質事件」直後のことだ。

拘束自体は非常によい体験だった。「テロリスト」の正体を見ることができたからだ。

当時、アブグレイブの西のファルージャに米軍が包囲攻撃をしかけ、一週間程度で七百人を超える現地人の死者が出ていた。それに対して、米国側の言う「テロリスト」が武力抵抗をしていた。私を拘束したのは、地元の町民や農民ら一般人と、彼らを指揮する元軍人や元警察官などいずれもイラク人で、米軍に抵抗する戦闘部門を支え、周囲に検問を敷いて外部から来る人間を見張り、場合によっては拘束して尋問をしていた。農村の一軒家に拘束されている間、近所から子どもたちが見物に来ていたことからも、彼らが地元住民であることは確実だった。「テロリスト」ならば、周囲も含めて無条件に殺してよいのが「対テロ戦争」だ。その「テロリスト」とは誰なのか、という問題は、「対テロ戦争」取材の最重要テーマである。

「テロリズム」とは、『大辞泉』によれば「政治的目的を達成するために、暗殺・暴行・粛清・破壊活動など直接的な暴力やその脅威に訴える主義」とされているが、具体的な定義はされていない。「対テロ戦争」を推進している日本の外務省ですら、ホームページに「国際的なテロの定義というものはない」と明記している。

本来、いかなる凶悪犯であれ、裁判を行い、証拠を示し、反論の機会を与え、日本ならば二度まで異議を唱えることを認めた上で、本当にその人に対して必要であると判断されなければ軽微な刑罰すら与えることはできない。罰を与えて人権を制限するためにはそれだけの手続きが必要なのだ。しかし、「テロリスト」にはそれは必要とされておらず、政府側が疑いを抱けばそれで殺してよいことになっている。その「テロリスト」の定義すらされていないということは、事実上、政府が誰に対してでも当てはめて自由に処刑できるということだ。逆らう者は「テロリスト」として殺せばよい。「対テロ戦争」の最大の意義はこれである。

米軍に家族を殺され、何の証拠も示されずに突然拘束されて拷問・虐待されたイラク人と、彼らを支える地元住民が「テロリスト」とされていることを、拘束という自らの体験で確認したとき、「テロ」という曖昧で不気味な言葉を使うことによって人を人でなくしていく「対テロ戦争」の本質を見ることができた。「テロリスト」という言葉を使うということは、無条件に殺されてしかるべきだ、と判定を下すに等しい。人として、報道に携わる者として、私は「テロ」「テロリスト」という言葉は使うべきではないと拘束経験を通して改めて確認した。

相手に受け入れて貰ってこうした取材をするのが望ましい手法だろうが、実際に戦っているか拘束などをしている場面に立ち会うことが必須だ。そうした状況ではない場面で聞く証言も重要だが、「自分は戦った」「自分は一般人だ」などは誰もが言いたがるものだ。その点で、相手がこちらに対して本気で対応していた拘束という経験は有意義だった。

ちなみに、私が日本政府に救出されたということはまずないと考えてよいと思う。当時の在イラク日本大使館の代理大使は「通常の情報網に情報提供を求めただけ」と私に説明している。拘束側からの声明等がなく、拘束があったかどうかも定かではない状態で、どのような集団が何を求めているのかいっさい示されないうちに三日間で解放されていること、日本大使館が、私がバグダッドのイスラム法学者協会に引き渡されることを知らなかったことを考えると、この説明は事実を語っているとみていいだろう。大使館からバグダッド国際空港へ運ばれる際には、私と、一緒に拘束された渡辺修孝さんが大使を挟むかたちで後部座席の窓際に座っており、事実上の〝肉壁〟として大使を守るよう配置された。彼らが自らの危険を冒してまで救出を試みることはあり得ないし、それを求めるつもりもない。

「イラクへ行くのは日本政府に迷惑だ」とする指摘がある。こうした人々は匿名のメールやネットへの書き込みで批判してくるだけなので正体は分からないが、要するに、「政府の活動の邪魔にならないよう、現場取材などせず、おとなしく政策に賛同していろ」ということだ。

私は〇三年の開戦前からイラクを取材し、遺体となって路上に転がる父親を引き取る作業をする息子、米兵に父親を撃ち殺された子どもたち、体中に爆弾の破片が突き刺さった少年らの声を直接聞いてきた。私を拘束した人々も、米軍に家族を殺され、突然拘束されて拷問されるなどの経験を語っていた。

こうした事態を引き起こしている政策に賛同すべき点など見あたらない。そもそも、それは自分自身で判断すべき問題だ。でなければ、現場へ行く必要などないし、なにより、私のために時間を割いて語ってくれた人々を裏切ることになる。政府の決定にただ従うだけの「狗《いぬ》」になりはて、自分の興味関心を押し殺し、どこの誰かも分からない人間の目を恐れて引きこもるように生きていくしかない。ここで心を折られてしまったら、もう戻ってはこられないだろう。イラクに再び行くかどうかは、私にとってはそういう問題だった。

拘束から帰国後に会った何人もが、「何かに取り憑《つ》かれているかのようなきつい顔をしていた」と言っている。〇四年以降、イラクは治安悪化が激しく、取材は困難とされており、だからこそ、その間にやってみせなければならないという意地と焦燥感に駆られていた。拘束からは身体は解放されたが、私の心はあの出来事に囚われたままだった。

戦場取材など計画通りに進むものではない。安全対策でどうにかなるならば、戦争で誰も死にはしないし拘束されることもない。戦争という国家による殺しと破壊の実態を検証するためにはそれでも現場取材が必要なのだが、現場に入り、取材して現場の情報を持ち帰るためにはぎりぎりの努力が必要で、私にはそれをしたという納得感はなかった。自分なりに面白いと思えるテーマを設定し、構想通りに取材を行ってくることもできるということを自分自身に証明してみせなければならなかった。

開戦前からイラクを取材をしていて、「対テロ戦争」の被害者の話も何人もから聞いていたが、どこか納得しきれない部分があった。彼らに対してではなく、こちらの問題としてである。事態が収まった後や平穏な病院の中で証言を聞くだけでは、自分自身で現場まで来ている意味がないのではないかと感じていた。彼らが置かれている状況により近いところへ向かい、当事者と傍観者のぎりぎりの境界線まで詰め寄り、時にはそのどちらでもあるようなところまで踏み込まなければ、その現場の実情は見えてこないのではないか。そして、そこまでやらなければ「現場を経験した」という充実感など得られないのではないか。

その手段の中で、最も実現性が高いのが戦場労働だった。「戦争の民営化」はイラク戦争を象徴する現象で、戦場のど真ん中でなくても取材テーマとしては申し分ない。自ら働いてしまえば、当事者の立場により近づくことができる。世界中から何万人もの労働者が集まっているのだから、そのための方法があるのは確実だ。「何かあったらどうするのか」という批判がよくあるが、この場合、労働者である自分に「何かがある」ということ自体がイラク戦争の体制の欠陥を示していることになる。私だけに起こることではないからだ。自分の安全対策がそのまま、労働者の安全がどう確保されているのかという取材そのものでもあるのだ。

こうした構想を練ったものの、日本人が働いているという話も、そうした取材をしている記者がいるという噂《うわさ》も聞いたことがなく、それは実現性がないからなのかもしれないとも思った。今回の計画を断念することになれば、自分の生き方そのものに関わるように感じていた。出発が〇七年にまでずれ込んだのは、挑戦することでその答えが出ることすら恐れていたからだ。

しかし、ただ考えていても事態は変わらない。同年二月一一日、慌ただしく日本を発った。動き出してしまえば心が弾んだ。何のことはない、現場に行きたい最も大きな理由は、胸躍るような未知の経験をしたいからだ。その挑戦ができるだけでも単純にうれしかった。やれたかどうか以上に大事なのは、やろうとして行動に起こしたかどうかなのだ。

やっと戻ってきた——。バグダッドの町並みを上空から眺めながら、晴れやかな気分にひたっていた。

バグダッド空港・基地

〇七年五月三日午後〇時十七分、バグダッド国際空港に到着した。

建物の中に入るとすぐ目の前が入国手続きのカウンターになっている。過去には日本人ジャーナリストがクウェート空港を発つときに突然に日本大使館員が現れたり、バグダッドの空港で入国を拒否されたりしたことがあったと聞いていた。在イラク日本大使館への通報もあるかもしれない。今回もし通報された場合、私を雇ったV社にもジャーナリストという素性がばれかねない。そうなればただで済むとは思えない。

空港警備を行っている紺色のポロシャツを着た英国系PMCグローバル・リスク・ストラテジー社（以下GRS社）のネパール人男性が私を迎えにきていた。ロビーの脇に小部屋があり、そこでビザ発給が行われている。私のビザは、同社によって手続きがされた。この当時のイラクビザは、パスポートの一ページにスタンプを押すだけ。それが、係官が一度押したにもかかわらず"cancel"とペンで上書きして何重にも線を書いて訂正している。何事かと不安になったが、なぜか隣の部屋へ行って再びスタンプが押され、無事ビザが発給された。ビザのタイプは"emergency"とあり、有効期限は"month"といずれも手書きしてあるだけだった。事実上の無期限のようだ。

入国手続きはほんの数秒で終了した。拘束事件以降、イラクの西隣のヨルダンでは、空港に到着した際や隣国シリアから陸路で国境越えする際の入国審査で、何人もの係官がやってきてどこかへ連絡したり、どこに宿泊するのかなどをこと細かく聞いてきたりと、どの国籍の人よりも時間がかかるようになっていた。以前はにこやかな対応で、数秒で終わっていたのだが、今ではブラックリストに載せられていて、いちいち日本大使館に通報までされているのではないかと思う。実際、ヨルダン入国直後に日本大使館から突然連絡が入ったこともあった。他の日本人に聞くと、今も以前の私同様だという。しかし、今回の速やかな手続きをみると、ここでは通報はされずにすんだと考えられる。

イラク政府は外国人労働者一人ひとりの審査までしていないようだ。〇三年三月の米英軍のイラク侵攻当時からこの国に居続けている労働者もおり、そもそもイラク政府は労働者の数も含めた実態を殆ど把握できていない。当然ながら米兵はビザがなくても入国に支障はなく、基地労働者についてもイラク政府側からの口出しはできないと考えられる。ネパール人やインド人はイラク行きを母国政府から禁じられているが、米議会予算局などによると万単位の人数でここを通過しており、日本人だけを通報するという裁量を挟み込む余地はないのだろう。

空港の建物を出てGRS社の四駆車ですぐに移動。建物からほど近い場所にある同社のキャンプフィジーに入った。白い平屋のコンテナハウスが整然と並んでいる。今夜はここで宿泊だ。

敷地は土塁で囲まれており、その向こう側に空港の建物が見える。通りかかった米国人スタッフが「おお、日本人か。昔、米軍にいたときに横田基地にいた。焼きそばうまかったな。六本木でいつも飲んでいたぜ」と気さくに声をかけてくれた。

キャンプの敷地内には、ネパール人向けの二段ベッドの並んだ八人用の大部屋コンテナと、欧米人が利用するネット回線まである個室二部屋のあるコンテナ、食堂兼キッチンの大きなコンテナがあり、他に、大部屋利用者用のトイレ棟、シャワー棟、幾つものソファとパソコン一台が置かれたテレビ部屋。洗濯機の並んだコンテナと、飲酒のできるバーまである。車両整備場のほか、任務中以外は銃器を預けておく倉庫、そして、コンテナの間にはバーベルなどを置いたトレーニング場が設けてあった。

管理職は英国人中心で、その他のスタッフの出身国は、英、米、オーストリア、オーストラリア、エストニア、ジンバブエ、南アフリカ、ウガンダ、フィジー、ネパール、イラクと多彩。女性は、南ア出身の長身の白人一人、体格のよいウガンダ人が数人。空港警備などでボディチェックをする際に、女性が必要なのだろう。自前で行っている食堂には英国人の監督一人とインド人、ネパール人が各一人。掃除と洗濯、料理補助にイラク人が通っており、女性もいた。

外国企業の居留地も含む空港全体は周囲62㎞。GRS社が全体を警備している。彼らは空港内を自由に歩けるといい、幾つかのコンテナの前にはマウンテンバイクが立てかけてあった。

食事は朝食が午前五〜七時、昼食が午後〇〜一時、夕食が午後五〜七時。この日の夕食は、刻んだミントの葉を混ぜ込んだご飯に、マトンカレー、マッシュポテト、スープ、ポークソテーなど十種。生のトマト、キュウリ、ピーマン、タマネギ、ポテトサラダなどがそれぞれ別皿に盛ってある。全て取り放題だ。監督の英国人が「運がいいな。今日はビールが出る日だ。ノンアルコールだが」と缶を渡してくれた。

顔が日本人と似ているネパール人はどこで出会っても親しげに話しかけてくる。四十七人いるという彼らは多くが空港の入り口などを警備しているという。ネパール人の監督者は月給1700ドル。一般の警備員は1250ドル。十二カ月働き、一カ月休暇で帰国のサイクルで、三年以上イラクで働いている人もいる。

空港へも反米武装勢力の攻撃はあり、この敷地近くにも迫撃弾が着弾したという。コンテナの一つに直径3㎝ほどの穴が開いていた。死傷者も出ているという。「今では迫撃弾が着弾するまでの二十秒ほどの間にサイレンがなるシステムが空港全体を囲んでいて、サイレンがなっている間にシェルターに逃げ込むようになっている」とあるネパール人が説明してくれた。〇八年末まで日本の航空自衛隊はこの空港へ米兵などを輸送していたが、地上戦は起きないにしても迫撃砲などによる攻撃はされている。これが日本政府の言う「非戦闘地域」だ。

夕食後の午後七時すぎ、敷地の隅にベニヤ板で設けた長いすに座り、ようやく広がってきた夕焼けの下で涼みながら、ネパール人三人とイラク人三人とウイスキーを飲んだ。二〇歳のイラク人男性が、「毎日ウイスキーを一本飲み、タバコは三箱。先日、イスラム教シーア派の民兵に見つかって殴られた。いつも俺を怒っていた親父が喜んでなあ」といたずらっぽく言った。二七歳の男性は「今じゃ外では酒は飲めないよ。まあしかし、酒を飲む奴はムスリムじゃないぜ」と言いつつグラスをあおり、「サダム時代は、酒は自由だったが、自由に話はできなかったからな」と付け加えた。

GRS社の護送部隊

「左側に車両、左側に車両」「右から車両が合流」「チェックポイント、チェックポイント」「車線変更、車線変更」

車内の無線スピーカーから頻繁に流れる声。進行方向の状況を先頭車両にいるコマンダーが全車両に知らせ、情報を共有している。私を赴任地へ運ぶGRS社の護送車両である。

防弾仕様の白いトヨタ・ランドクルーザーで三台。客である私と、一緒に赴任する別の業者のトルコ人三人が防弾チョッキとヘルメットをつけて、フィジー人の運転手と、AK47を持ったイラク人一人とともに真ん中の車両に乗り、前後の車両にはAK47やM16で武装した各四人が乗っている。英国人、フィジー人、エストニア人、イラク人の混成部隊だ。全員がベージュ色のつなぎの戦闘服に防弾チョッキ、弾倉を入れるベストを着用し、無線機を装備。その中の衛生兵でもある二人は負傷者が出た場合の応急処置をする器材を入れたポーチを左太ももにつけている。前後の車両は、後部座席の左側の窓と後ろ側のガラスの左よりに約25㎝四方の穴があり、汎用機関銃ＰＫＭの先を突き出し、後部座席の後ろの荷物スペースに一人が陣取ってこれを構えている。これが、パーソナル・セキュリティ・デタッチメント（以下ＰＳＤ）チームと呼ばれる、ＰＭＣの顧客護送部隊だ。

「途中、戦闘などが起きても客用のこの車だけはとにかく進む。勝手に外に出たりドアを開けたりしないこと。必要があれば我々が襟《えり》をつかんで引っ張っていくので、くれぐれもウサギのように逃げ回ったりしないように」

これが出発前に英国人コマンダーが我々に与えた客の心得である。

五月四日午前八時半ころ、キャンプを出発した。空港敷地内の米軍のチェックポイントを一カ所抜けた付近でメンバーが銃器に弾倉を装着し、最後のチェックポイントを通って外に出ると、幹線道路を南下していった。周囲は畑の間に木立や民家が散在し、農作業中の人々の様子が見える。路肩ではジュースや駄菓子などを売る露店が所々で商売をしている。道路は一般車両も通行しているが、ＰＭＣの車両が近づくと自ら道を譲っている。米軍と同様の扱いだ。

一〇時一〇分ころ、バグダッドを出た付近で渋滞に行き当たった。２００ｍほど先で米軍車両のハンビー二台とトラック一台が道を封鎖していた。我々の車列と他のPMCの四台の車列が逆車線を進んでハンビーの30ｍほど手前で止まると、米兵一人が小走りでやってきてこちらの英国人コマンダーと話を始めた。再び車線を元に戻し、こちらの車線を止めているハンビーの30ｍほど手前で停車した。

三台の車は互いに20ｍほど間隔をあけ、一列に並びながらも車体の向きをそれぞれ左斜め前、右斜め前、左斜め前と方向を変えて止まった。他のPMCも同様にしている。緊急時に即座に散開するために、急発進しても互いに邪魔にならないよう向きをずらしているのだと考えられる。感心してその様子を眺めていると、コマンダーが「封鎖中だ。十五〜二十分待つが、同じところにずっといるのは危険なので、引き返すことになるかもしれない」と説明に来た。

十時四十分ころ、空港に戻るために発車。運転手のフィジー人によると「付近で戦闘が起きており、高速道路が封鎖されている。二カ月前にも同じ道の同じような場所で戦闘に巻き込まれて、車一台をやられて失った。危険な道なのだ」という。

空港の最初のチェックポイントを入ると全員が銃器の弾倉を抜き、１ｍほど盛られた土に開けられた穴の中に銃口を入れて引き金を何度か引き、銃弾が入っていないことを確認して車に戻った。敷地内での誤射を避けるためのものだ。

キャンプに戻ると、「状況を見て、十一時に出発できなければ昼飯の後にすぐだ。メシを食ったらすぐにここに戻ってきて、あちこち歩き回らないこと」とコマンダー。その場で談笑して過ごす。「イラクには来たことがあるのか？　俺は英軍兵士として前に来た。兵士としてイラクに来た経験がないとＰＭＣに入れないからな」とコマンダー。以前は殆どのＰＭＣは特殊部隊経験者が占めていたが、人数を確保する必要のあるイラク戦争において、次第にこうした採用の仕方がされるようになった。

別の大柄な男は「俺はもともとエストニア軍だ。嫁さんが昔、日本でダンサーやってたんだぜ。大相撲の把瑠都《ばると》って知ってるか？　エストニア出身のスモーレスラーだ。チェックしとけよ」とにこやかに話した。

結局、十一時出発はなくなり、昼食に。ご飯、黄色い豆のカレー、カリフラワーの炒め物、魚の煮物、サラダ。ちなみに朝食はソーセージやサラミ、炒《い》り卵、ゆで卵、豆のトマトスープ、サラダ、粉ミルクの温かい牛乳、コーンフレーク、フレンチトーストなどで、勧められて注文すると目玉焼きと焼いた分厚いベーコンが出てきた。

昼食後、昨日バグダッド入りしたばかりのトルコ人三人は「仕事がなくなったからトルコに帰ってよし、と言われた」とのことで、私一人を乗せて午後一時十五分ころ出発した。しかし、午前中とほぼ同じ地点で「引き返す。明日に変更」とコマンダーからの無線。フィジー人は「まだ封鎖されているらしい」と言ったが、引き返して空港のチェックポイントに入ったところで、コマンダーが「トルコ人の業者が、気が変わってやっぱり連れて行けと言い出したので戻ってきた。もう時間が遅いので出発は明日になった」と呆れた様子で説明しに来た。

結局、この日の移動は途中で中止になった。あくまで客の護送を任務とする彼らは、米軍や他のPMCと連絡を取りながら安全状況を確認し、あえて戦闘地域に入る危険は冒さないようにしていた。PMCというと「好戦的な傭兵《ようへい》」というイメージがあるが、少なくともPSDの場合、戦闘をせずに無事に客を届けることが優秀なチームの条件であり、彼ら自身それを認識している様子が感じられた。バグダッド空港―ディワニヤ間のPSDは一回1万5000ドルだ。

ちなみに、PMCによっては米軍とともにパトロールに出る任務もあるようだ。米兵とともに軍事作戦に参加しながら軍規に縛られず、軍事法廷で裁かれることもない曖昧な身分である点が問題として指摘されている。〇三年のサダム政権崩壊後、連合国暫定当局（CPA）はPMCに対して事実上の治外法権を与える行政官令を発しており、依然として有効だった。

翌日午前八時、PSDチームは各国の大使館などがあるインターナショナルゾーン（IZ）へ向かって、九時ころキャンプに戻り、九時半ころ、私たちを乗せてディワニヤに向けて出発した。十一時ころ、バグダッドから南東約100㎞付近のスカニアにあるサービスエリアのような施設コンボイ・サポートセンターで休憩。この場所は高速道路だが一般車両は入れず、検問を抜けて中へ入った。両側に高さ3mほどの土塁があり、仮設トイレが幾つか置いてあった。防弾チョッキやヘルメットを脱いで水を飲む。バグダッドへ物資を輸送する米軍などの車列向けのサービスエリアで、食事や車両整備などもできるが、すぐに出発。ディワニヤの市街地を抜けて正午ころ、赴任地であるイラク陸軍第八師団訓練基地に到着した。

着任

イラク陸軍第八師団訓練基地は、ディワニヤの市街地の南側5㎞にある。夕暮れ時ならば、見晴らしのいい場所から北方向を眺めれば、青や赤に光る市街地のネオンを遠目に見ることができる。基地の東南側を通る大通りから、広大な空き地を通り抜ける取り付け道路を500mほど抜けるとメインゲートに出る。中へ入って200mほど進むと左方向とのT字路があり、左へ200mほど進むと建設中の兵舎区画に入るゲートだ。400m四方ほどのこの区画の北側の角に、基地建設を請け負っている米国系建設会社ウェストン・ソリューション社（以下WS社）の仮設居住区がある。ここが私の職場だ。

到着するとすぐに、でっぷりと太った体に白い調理服とエプロンをつけた口ひげの色黒男が敷地内からやってきて、私を居住区の一番奥にあるコンテナの一室に連れて行った。本来は一つの大きな空間しかないものを、ベニヤ板で壁を作って二部屋になるよう仕切った粗末な部屋だった。4m四方ほどの空間にベッドが二つ、テーブルが一つ、ロッカーが二つにエアコン。これからここで寝泊まりすることになる。

基地建設事業は米国防総省の監督の元でイラク国務省から発注されており、兵員宿泊施設、道路、駐車場、食堂、ヘリポート、運動場、水タンクなど兵舎区画内の施設全般を新築している。居住区には、WS社のプロジェクトマネジャーや経理担当者、エンジニアのほか、彼らを守るための警備をWS社から請け負っているGRS社の司令官や警備員が宿泊しており、彼らへの食事提供をWS社から請け負っているのが、私を雇ったV社である。V社は、居住区内の掃除や洗濯、電気系統の整備など施設管理全般も担っている。

口ひげの色黒男が私の上司、インド人シェフのポール。メニューの作成、調理、食材調達のほか、V社に属しているイラク人スタッフの人事、施設整備、掃除、洗濯などの監督もしている。彼のメニューに従って料理をするのが私の仕事だ。

居住区の滞在者の内訳は、〇七年五月五日時点で、WS社の米国人が二人、フィリピン人エンジニアが一人、トルコ人エンジニアが三人、イラク人エンジニアが四人。GRS社の英国人が二人、ジンバブエ人が一人、ネパール人が六人。V社は、我々二人のほかは全員がイラク人で、キッチンスタッフが八人、発電機など電気関連の担当が二人。これら三十一人が朝、昼、夕の三食を食べる。他に、V社のスタッフで掃除担当が四人、洗濯担当が一人おり、朝食と昼食だけ食べる。この人数分の食事を毎日用意するのが料理人の務めである。

食事時間は、朝食が午前六～七時半、昼食が午後○～一時、夕食が午後六～七時。食事をするダイニングは、幅約12m、奥行き約8mで、四人席の長方形のテーブルが四つ、二人席の丸テーブルが四つ。「禁煙」との張り紙がはられている。ダイニングのすみに、料理の入った大皿の保温ができる湯煎《ゆせん》ユニットカウンターがあり、50㎝×30㎝ほどの大皿が六つ並べられ、メインメニューが用意される。客から見てカウンターの左側に電気式のオーブングリルがあり、調理だけでなく、サイドメニューの皿を置いて保温するのにも使用されている。カウンターの右側には冷蔵ショーケースがあり、サラダやフルーツを並べるようになっている。他に、缶ジュースやペットボトル水を入れる冷蔵庫、熱湯の出る給湯器、電子レンジが備えられている。

昼食、夕食のメインメニューの六皿は、①白いご飯、②牛肉などを使った欧米人向けのメイン料理、③鶏肉か魚、エビなどの料理かパスタ料理、④ジャガイモ料理、⑤イラク料理、⑥ネパール人向けカレー料理、という基本的な方針をポールが設定している。また、グリルの上に、パスタ料理や温野菜料理を盛

イラク軍訓練基地建設現場に新築された兵舎。2007年5月18日、イラク中南部ディワニア

った大皿が乗せられる。冷蔵ショーケースには、3㎝角程度に切ったトマトとキュウリをそれぞれ別皿に盛ったサラダと、食材があればコールスローやツナマヨネーズなどもう一品、更に、モモやパイナップルの缶詰か、オレンジやスイカなどのフレッシュフルーツのうちの一品と、時にはアイスクリームなどが加わる。客が皿を持ってこれらの前に行くと、我々スタッフが料理を盛るという形式で、客は原則として好きな物を好きなだけ食べてよいことになっている。グリルの横にはパンの入った箱があり、スライス食パン、フランスパン、直径30㎝ほどの薄い円形のホブスと呼ばれるイラクパン、ホットドッグ用とハンバーガー用のパンが入っており、客は自由に取ることができる。ジュースと水も自由だ。

朝食は簡素で、パン類のほか、①炒り卵、②ゆで卵、③ゆでたソーセージ、④焼いたベーコンの四メニュー。朝食担当のスタッフがグリルの前で待機しており、卵焼きや目玉焼き、焼きトマトを注文に応じて作る。サラダはなし。コーンフレークが出され、ジュースがない代わりに牛乳が冷蔵庫に用意される。

我々スタッフは、客向けの営業が終わった後に、残ったものを取り分けて食べる。残らなければ食べる物がないので、多少余裕を持たせて作ることになる。ここは三十人程度の客を相手にしているので、レトルト食品は使わず、基本的に一から作っている。ちなみに、数千人、数万人規模の兵士を食べさせる米軍基地の食堂では、メニューの殆どは調理済みのレトルトパック食品を温めるだけらしい。

キッチンはダイニングと壁で仕切られた同じコンテナの中で、幅約12ｍ、奥行き約５ｍ。三口のガス台、調味料台、冷蔵庫、冷凍庫、挽肉《ひきにく》機械、電気式オーブン、ガスオーブンがある。部屋の隅に流し台があり、給湯器からの熱湯も出る。ダイニングとの間を仕切る壁には長さ約８ｍ、高さ約１ｍの台がついていて、調理の作業はここで行う。

基本的な食材は別棟の倉庫に保管してある。幅約12ｍ、奥行き約４ｍのコンテナ内はぶち抜き一部屋になっている。幅約１・８ｍ、奥行き約90㎝、高さ約90㎝の冷凍庫が十台並んでおり、肉類、魚介類、パックの野菜類、パン類、アイスクリームなどのデザート類などが冷凍保存されている。他に、調味料類、缶ジュース、パックジュース、パック牛乳、野菜類、果物類、缶詰類、米、小麦粉の袋、パスタ類、洗剤類が山積みになっている。イラク軍基地のため、イスラム教で不浄とされている豚の肉はなく、牛肉と羊肉、鶏肉、七面鳥をそろえてある。魚介類は、ペルシャ湾岸でよく食べられるハタ科の白身魚ハムールの切り身、体長50㎝近い丸ごとのタイ、ノルディックサーモンの真空パック、サウジアラビア産の大正エビ、３㎝程度の小エビが、いずれも冷凍されていた。

これらの食材のみを使って、日替わりのメニューで客たちを満足させなければならないのだが、和物の食材といえるのは醬油《しょうゆ》だけ。昆布やかつお節、煮干しなどの出汁を取れるようなものはない。日本で私が自分用に作っていたのは和食で、それも手の込んだものではなく、ここにあるような食材だけで作れるような料理など思いもつかない。契約期間は半年。しのいでいけるのかどうか。到着後早々に倉庫を見に来た私は、呆然《ぼうぜん》と立ち尽くすしかなかった。

初料理

「何を作れるのか知らないが、今日からやって貰う。とりあえず、牛肉を使って何か作れ。日本風、中華風でもいいから」とポールが言った。着任して早々、料理の腕前を披露しなければならないことになった。まだどんな食材があり、客が何を食べられるのかすら分からない段階だ。私は個人的に普段は牛肉をあまり率先して食べないので、料理に使った経験もあまりない。いずれにしろ、そんなそぶりを見せるわけにはいかないので、用意されていた白い調理服をまとい、白黒チェックのズボンをはいてキッチンに向かった。

夕食の準備は午後三時ころから始まった。5㎏ほどのニュージーランド産トップサイド（もも）の牛肉の塊を渡され、「さあやれ」と言う。このような大きな肉の塊を処理したことはないので、どう手をつけたものか途方に暮れたが、料理人として来た以上、よどみなく料理を遂行する必要がある。周囲ではイラク人スタッフがちらちらとこちらを見ている。新人をどう扱うべきか、見定めようとしているのだ。

ショウガ焼きにでもしてみようかと思ったが、ショウガはないという。仕方がないので、やりやすそうなメニューとしてすき焼き風にすることにした。トップサイドの肉はもっとも脂肪が少ない部位とされる。実際、固いスジ部分を取り除いていくと、見るからにぱさぱさになりそうな赤身が残った。包丁で3㎜程度の薄いスライス状にし、包丁の背で叩いておく。あとは野菜類を入れればよい。倉庫を見に行くと、置いてあるのはニンニク、タマネギ、ナス、トマト、キュウリ、ジャガイモだけ。困ったが、ニンニクとタマネギだけを取って戻る。

「醤油を使うのだろうが、あまりないから少しだけ使え。香りがつく程度で。油もあまりないから少しだけで。卵は朝食で使わなければならないから料理にはあまり使うな。野菜類も少しにしておけ。ガスも使いすぎるな」とポールが言った。出汁を取れるようなかつお節も昆布もない。醤油は垂らす程度にしか使えないらしい。要するにただの塩ゆでである。野菜もジャガイモやタマネギくらいしかなく、白菜やら糸こんにゃくやら豆腐やらといったすき焼きに使うような食材は何もない。ここでは、てっきり、何でもあってふんだんに使える「男の料理」状態で腕を試されるのかと思ったが、食材の種類は限られ、使用する量も制限された中で創意工夫をする「主婦の献立」態勢である。むしろ技術と経験を問われるのではないか。

外国人が生卵を食えるとは思えないので、卵とじにしてしまおうと思ったが、ポールは顔をしかめて「卵はせいぜい二つだけにしておけ」と言う。三十人分を作るのに卵二つではとじるどころか、入っていることすら分からなくなりそうだ。結局できあがったのは、ほんの少しの醤油味のする、牛肉の赤身とタマネギの塩ゆで、だった。

この日の夕食メニューは①ご飯、②牛肉のすき焼き風、③小エビの炒め物、④ジャガイモのオーブングリル、⑤イラク風のフライドチキン、⑥ラムカレー、⑦コーンのバター炒め。ポールが③、⑥を、イラク人料理人が⑤を、①、④、⑦と、トマト、キュウリのサラダをその他のイラク人スタッフ三人で分担して作った。夕食の時間は午後六時から。客が来てもポールはキッチンにいて、ダイニングと通じているカウンターから客とスタッフの様子を眺めているが、私はイラク人スタッフとともに、客の皿に料理を盛る役もやることになった。つまり、客が食べているその場で毎日評価を受けるわけだ。あまりの気の重さに軽い吐き気を覚えた。

翌日からはフルタイムの勤務だ。朝食はイラク人スタッフだけで行い、私は午前八時すぎからキッチンに出て昼食の用意をし、午後は三時すぎから夕食の準備をする。午後七時ころの営業終了後は、ポールが作った翌日のメニューに沿って倉庫から凍った食材をキッチンに運び込んでおく。一日の労働が終わるのは午後八時すぎ。これが毎日休むことなく続いていく。

インド人シェフ

初日から料理に不安を覚えた私は、上司であり、ただ一人の外国人としての同僚で、同じ部屋で寝泊まりすることになるインド人シェフ・ポールの話をまずはよく聞いておくことにした。夕食の営業が終わり、翌日の食材の準備も終わって部屋に戻ったのは午後八時すぎだった。調理服から普段着に着替え、それぞれのベッドに向かい合うように腰掛けて、仕事の概要と、彼がイラクにたどり着くまでの話を聞くことにした。

ポールはインド・ゴア出身の五〇歳。丸顔にたれ目で、口角の下あたりまで垂れ下がる口ひげをはやしている。キリスト教徒で、コンテナの部屋に置いた机の上に名刺ほどの大きさのイエスの絵を立てていた。二十二年間、UAEアブダビの大きなホテルで料理人として働いた経験を持つ。働いていたのは「大きな五つ星のホテル」で、月給500ドルを貰って、時には二百人近くにもなる宿泊客向けのあらゆるパーティスタイルの料理を覚えたのだという。客の入りが多い日は目も回るほどの忙しさだったが、「従業員はバーを半額で利用できたから、仕事の後は毎日のようにビールを飲んでいた。おかげでこんな腹になってしまったよ」と大きく張り出した下っ腹をさすった。

数年前、ホテル勤務でためた金で故郷のゴアにレストランを開業し、出稼ぎ労働からは引退していた。営業は従業員に任せて月に500～700ドルを得ており、「食うために働く必要はない」のだという。しかし、「五階建て、各階五部屋のホテルを建てたい」との野心を抱いて再び故郷を離れた。建築費用の半分は銀行から借りられることになったが、残りの50万インドルピー（約1万ドル）を自力で稼ごうと思ったからだ。以前と同程度の給料を得られれば、二年ほどで何とかなる金額だ。クウェートとUAEのドバイのホテルで働いている二人の弟を頼りに、クウェート、ドバイと回って大型ホテルの料理人の口を探して回った。しかし、クウェートでは私と同様、訪問ビザしか持っていなかったことから、「経歴としてはよいが、ビザの問題で雇うことはできない、と断られた」という。訪問ビザでは就職活動すらできないことは、既に触れたとおりだ。次にドバイに渡ったものの、こちらでは料理人の募集の口そのものが見つからず断念。仕方なく再びクウェートに来たが、同様に就職が決まらないままにビザの期限切れが数日後に迫り、焦っていたところを同じゴア出身のインド人エージェントと知り合い、V社に斡旋されたという。私を同社につれていったのもこのエージェントである。

ポールが〇六年一〇月にここへ着任した当初はV社のイラク人現地監督者がいたが、二カ月ほどたったころに解任され、それ以降はポールが全てを取り仕切っている。当初は料理だけが仕事だったが、今では食材の調達や管理、イラク人従業員を使っての掃除、洗濯、電気管理など全般を監督している。当初400KDだった月給は半年後に50KD上乗せされ、監督業務が加わってから更に100KDが加えられて計550KD（約1900ドル）である。

ポールは戦場を目指していたわけではないが、他の国では仕事が見つからなかったために、図らずも戦場イラクで働くことになった。報酬のよさから初めからイラクを目指す人も多いが、こうしていつの間にかイラクへ流れ着いたという人も少なくないのだろう。出稼ぎに出るだけの資産を持っており、望んだわけでもなく、かといって断るわけでもなくイラクにやってきた外国人。アジアからの出稼ぎ労働者が多数働いているクウェートやＵＡＥなどの周辺の国と、さして大きく変わることのない出稼ぎ先の中にイラクがある、という様子が垣間見える。

くたびれた白いランニングシャツに赤い短パンをはいたポールは、ここまで話したところで立ち上がり、壁に掛けてあったタオルを手に取ろうとした。シャワーを浴びに行こうとしたようだが、私はそこを引き留めて、今日の料理のおさらいをさせて貰うよう頼んだ。彼の料理を覚えてしまえばここでの仕事に支障はなくなるし、勤勉な様子を見せることで心象もよくなるだろう。せっかく料理人として入りこんだのだから、料理人の仕事をこなせるようになることも取材のうちだし、インド人の料理を覚えて帰れれば、取材とは別に自分自身のよい財産になる。「日本でやってきた料理とはスタイルが違うので学ばせてほしい」と殊勝なことを言いながら、料理ができないわけではないという点をそれとなく強調しつつ、この日の夕食に彼が作ったラムカレーのレシピをたずねた。

それによると——。

①ラム肉の塊を、３㎝角程度のキューブ状に切り分け、鍋でひたひたの水で下ゆでをする。ターメリックの粉末を少々入れてやや黄色にしておく。ここではすじの多い堅い肉を使ってい

るために三十分近くゆでたが、やや強い弾力が残る程度まででよい。
②ニンニクをみじん切り、タマネギとトマトを可能な限り薄くスライスする。ここにはショウガはないが、あればみじん切りにしておく。タマネギでとろみをつけるので、分量はかなり多めでよい。
③フライパンに油少々をたらし、弱火をかけて、カルダモンシード、クローブ、シナモンを一かけら入れる。香りが立ってきたら、マスタードシード、クミンシードをスプーン一さじずつ投入し、ぱちぱちと音がなるまで熱する。
④ニンニク、タマネギを入れて茶色く、粘りけが出てくるまで炒めたら、粉末のターメリック、クミン、チリ、コリアンダーを入れて、スライスしたトマトを入れてよく炒める。
⑤ペースト状のいわゆるカレールーのようになってきたら、ラム肉を下ゆでした汁でのばして沸騰させ、下ゆで済みのラム肉を入れて煮込み、最後に塩で味を調《ととの》える。ラムが柔らかくなり、カレーらしくとろみのある汁になったところで火を止める。粉末のミックススパイスであるガラムマサラがあれば、入れて混ぜて完成。
インドの料理屋ではなく外国のホテルで働いていたポールのカレーは、本格的なものではないだろうが、基本的なインドカレーとして仕上がるし、十分勉強になった。

建設現場の三業者

このイラク軍基地建設現場で活動している三つの民間業者を簡単に紹介しておこう。建設業者のウェストン・ソリューション社（WS社）とグローバル・リスク・ストラテジー社（GRS社）。そして食事提供から輸送までロジスティックス、兵站《へいたん》部分を提供している我がベクター社（V社）である。

約五十年の歴史を持つWS社は、米ペンシルヴェニア州ウエストチェスターに拠点を置き、主に環境対策技術などを幅広く提供している。建設事業も行っており、日本でも在日米軍基地内のインフラ施設建設やそのマネジメントに携わっている。〇四年三月から、1億5000万ドルでイラク国内のイラク軍基地建設事業を米国防総省から請け負っている。バグダッド空港周辺の広大な基地の中にイラク本部事務所を構え、ディワニヤの他に、南部のバスラ、バグダッド東方のベスマーヤなどで基地建設に従事している。ディワニヤには、米国人のプロジェクトマネジャーと経理担当者が一人ずつ駐在し、事業の進行管理と、イラク軍側との折衝を受け持っている。他に、通訳兼イラク人労働者の監督としてイラク人エンジニア二人と、米国系のエンジニア派遣業者から送り込まれたフィリピン人一人、イラク人二人が技術指導と進行管理をしている。

ロンドンに拠点を置くGRS社は、元英軍海兵隊員のデミオン・パールと元スコットランド近衛連隊のチャーリー・アンドルーズによって一九九八年に創立された。イラクでの契約は、〇四年六月からのバグダッド国際空港の警備のほか、英国が統治を担当している南部バスラにあったＣＰＡの本部施設の警備、同年一〇月のイラク新紙幣を各地に配布する業務の護衛や、特別に設けた子会社「サムライ」による I Ｚ内の日本大使館の警備などで、イラク国内に千百人を超える要員を置いている。イラクでの本部事務所は I Ｚにある。ディワニヤには、英国人の司令官一人と、コマンダー兼医療担当者が一人、ネパール人監督が一人に、ネパール人警備員が五人。麻薬犬のように爆発物を発見する犬とその監督者としてジンバブエ人一人が、南アフリカ系の業者から同社に派遣されて加わっている。犬は、ジャーマンシェパードが二匹である。半年ほど前までは、約三十人のネパール人警備員を置いて居住区の前後に常時人員を配置するなど、かなり厳重な体制だったが、イラク軍基地の中にあるということで大幅に縮小して今に至るらしい。

Ｖ社は、元米空軍の兵士で十五年間の料理人の経験もある米国人男性が、九一年の湾岸戦争から数年たったころにクウェートに出資者を見つけて立ち上げた会社で、殆ど社長一人で切り盛りしている。イラクでは給食事業のほか、大型トレーラーによる輸送業務も行っている。米軍基地で数千から数万人に食事を提供するほどの契約を取る力はないが、特に I Ｚ内に事務所を持つＰＭＣやＮＧＯなどが自前で給食をしているところへ、「安価でよりよいサービス」を売りにして食い込み、契約を勝ち取って事業を拡大している。ディワニヤの事業は、WS社と半年ごとの契約を結んでおり、インド人ポールによれば「100万ドル以上の契約金を受け取っている」という。

黒煙

ドン、ドン、ドン、ドン——と乾いた破裂音が響き、コンテナに何かがぶつかってきたかのような震動と、突き上げるような縦揺れでたたき起こされた。枕元の腕時計を見ると、午前五時半ころ。着任の翌日、五月六日のことである。この七発の爆音によって、イラクの激戦地ディワニヤに身を置いていることをさっそく実感し、久々に感じる戦場の気配に胸が高鳴った。

外に出てみると、空はすっかり白んでおり、北のそう遠くはない場所から濃い黒煙が上がって西方向にたなびいているのが見えた。見るからに火災の煙だ、と思った瞬間、その煙の根もとに明るいオレンジ色の光が膨れ上がり、二秒ほどしてジュワーッと油で何かを揚げているかのような音が聞こえてきた。音速は秒速約340m。光と音の時間差から計算すると距離700mほどか。着弾の音はしておらず、燃料か武器などが延焼しているのではないかと思われる。

私の横で眺めているGRS社のネパール人監督ロケンドラが、「あれはキャンプエコーだ」と言った。イラク軍訓練基地の北側に隣接している多国籍軍の基地で、イラク中南部の治安維持を担当しているポーランド軍を主力としている。イラク国内で起こっている戦闘といえば、少なくとも日本で報道されるのは、バグダッド以西、以北の範囲を中心としたイスラム教スンニ派の集団と米軍、もしくは、イラクの人口の六割以上を占める同教シーア派とスンニ派が混在するバグダッドなどでの両派の争いのことだった。それが、四十万人の人口の殆どをシーア派が占めるディワニヤでもこうした戦いが行われているのを確認できたことは収穫だった。

撃ち上げた砲弾を落下させる迫撃砲による攻撃だとすると、発射地点は着弾地点からせいぜい1㎞か1・5㎞程度の距離だ。ロケット砲ならば更に近い距離ということになる。既に明るい時間帯であることを考えると、攻撃側は周囲の住民から見られることを恐れておらず、多国籍軍基地から相当に近い範囲に、少なくとも住民と反目し合っているわけではない勢力が存在しているということになる。多国籍軍によるイラク占領は、やはりうまくいっていないようだ。

さきほど部屋を出たときはまだポールが室内におり、施錠したロッカーの中のカメラを取り出すことはできなかった。カメラを持っていることを隠しておくために、人目につかないようにしまっておいたのが災いした。外で黒煙を確認した後、部屋に戻って取ってこようかとも考えたが、ネパール人やイラク人が周囲にいる中でシャッターを切る自信はなかった。彼らが部屋に戻るのを見計らって撮影することも考えたが、いつ誰がまた来るか分からないし、周囲のイラク軍に見張られているかもしれない。

そんなことは当たり前のことであって、この一枚だけでもここへ来た甲斐《かい》があるだろう、挑戦してみようか——とも考えたが、そのとたん、胃のあたりがどくんと波打って収縮し、体が重くなった気がした。結局、長期滞在が目的のため、二日目から無理をすることもない、などと色々と言い訳を考えてあきらめることにした。到着翌日からこの調子ならば、まだまだチャンスはあるはずだ、と自分に言い聞かせて部屋へ戻った。こうした現場の経験を、一度やそこらではなく、継続していくことが今回の目的だ。挑戦できなかったことを悔やみはしたが、この場所にいられるという興奮のほうが大きかった。

居住区のインフラ

イラク軍訓練基地内の我々の居住区は幅約45m、奥行き55mで、敷地全体が金網で囲まれている。インド人ポールと私はイラク軍基地の出入り許可証を持っておらず、半年の契約期間中、原則としてこの中だけで生活しなければならない。

ゲートを入って正面の駐車場の奥が、居住区の中央に当たる場所にダイニングとキッチンのある約12m四方の大型のコンテナだ。ゲート右側がWS社の事務所コンテナで、その後ろに七棟の居住用コンテナが並び、うち一棟はネパール人用のテレビ・トレーニングルームになっている。左側はGRS社の事務所と彼らの居住コンテナが各一棟あり、奥にはトイレコンテナ、倉庫コンテナ、シャワーコンテナ、洗濯コンテナ、イラク人スタッフの居住用コンテナがある。ダイニングの後ろ側がネパール人警備員用コンテナで、その奥が私の居住用コンテナだ。

居住用コンテナは横幅約12m、奥行き約4m。WS社のマネジャーやエンジニア、GRS社の司令官、コマンダー、ネパール人監督はトイレ・シャワー室つきの個室で、一つのコンテナに二部屋ある。WS社とGRS社の事務所のほか、ネパール人監督以外の個室は衛星回線に繋いだインターネットケーブルがある。ネパール人用、イラク人用、私たちの雑居コンテナは、中がぶち抜きの一部屋で入り口も一つ。ネパール人は二段ベッドを並べてそれぞれ一人で使っている。イラク人部屋は真ん中をベニヤ板で仕切って、シングルベッド四つ、二段ベッド四つの二部屋に分けて使用。私たちのコンテナは入り口を入ると左右に扉つきの仕切り板があり、完全に分離した二部屋が設けてある。

シャワー室は、四カ所の洗面台と十カ所に仕切られたシャワースペースがあるが、洗面台は三カ所が壊れていて使えず、私が着任した時点でシャワーも既に四カ所が壊れていた。安上がりにするために状態の良くない中古品をそろえたと思われる。ノズルが壊れているものが多く、水の出の悪いホースで浴びているような状態だが、温水は一応出るし、冷暖房のできる空調機もある。トイレ棟には男性用の小便器が七つ、洋式便器のある個室が六つ。「ストックがないからトイレットペーパーは米英人にしか使わせない」とのポールの方針で、ノズルのついたホースで尻を水洗いするしかないが、ノズルが壊れやすく、常に二カ所は使用できなかった。イラク人は習慣的に洋式を使わず、便器のふちに立ってしゃがんで用を足すため泥で汚れていることが多いうえに、全ての便座が壊れているため便器に座る使い方をするには支障がある。これについてネパール人からの激しい抗議を受け、のちにノズルの調子のよい二カ所の扉に鍵《かぎ》をかけ、ネパール人専用にすることになった。

テレビはアラビア語だけのローカル番組のほか、有料で衛星放送を受信でき、ネパール人のテレビルームとダイニング、イラク人部屋で見ることができる。前者はヒンズー語のインド番組ばかり、後者はアラビア語圏の番組ばかりを見ており、私にできるのは画面を眺めることだけだが、ニュース映像を見るだけでも役には立つだろう。

この地域で利用できる携帯電話キャリアは、主にクウェート系とイラク北部のクルド人系の二社。〇五年にクルド人地域を訪れた際に、携帯でインターネットに接続できることは確認済みだったので、自分用にOSにウィンドウズ・モバイルを乗せたフルキーボードつきの台湾製携帯端末を忍ばせていた。クルド人系のキャリアはプリペイド方式でもデータ通信が可能なので特別な手続きも必要ない。ネパール人もこのキャリアを使用しているので、SIMカードを買ってきて貰った。メールの送受信、ブログの更新、料理メニューの検索などに活用できそうだ。緊急連絡の唯一の独自手段でもあり、この携帯端末がいわば私の命綱である。

居住区の周囲はイラク軍基地だが、視界に入るのは、色彩はベージュ色のせいぜい二階建て程度の建物と砂の地面くらいだ。基地の周囲は高さ5m近いコンクリート塀で囲まれており、居住区から見える基地の外の景色は、北西1㎞ほど先を左右に走っている高速道路と、どこまでも広がるイラクの真っ青な空。居住区内も、無機質な白いコンテナが砂埃に薄汚れた姿で立ち並んでいるだけである。イスラム教徒が大半を占める国の軍隊の基地であり、女性はいない。まるで絶海に浮かぶ監獄島のようだ。

イラク軍訓練基地建設現場を歩く

仕事と生活の場である居住区から出られるのはWS社とGRS社のスタッフだけで、実際、ポールは約50m四方ほどの居住区内だけで生活している。ディワニヤ市内から通ってくるイラク人スタッフは、我々とは逆に建設現場と居住区に立ち入るための許可証をGRS社から渡されている。何とかならないかと思っていたが、一週間ほどしてGRS社のネパール人警備員たちともなじんできたころに、居住区の門を守っているネパール人に「居住区の外を散歩してきてもいいか」と聞いてみたところ、あっさりと「いいよ」との返事をくれた。外国人にとっては、基地から出ることは自分自身の安全上の問題からも難しく、外部と接触することも考えにくいので、居住区の周りを歩く程度ならば問題ないということだろう。

昼食の後に二時間ほど休憩できるが、その時間帯は気温が40度近いうえに目につきやすいので昼寝に費やし、全ての仕事が終わった午後八時すぎに出歩くことにした。五月でも日が暮れるのは午後七時半すぎなので、イラク人スタッフたちは駐車場でサッカーをして遊んでいる。その誘いを断って、建設現場を歩いて回ることにした。もちろん、コンパクトデジカメをポケットに忍ばせている。

同基地は新兵訓練施設を備えた基地で、イラク軍の市内パトロールの拠点にもなっている。全体は約1km四方のほぼ正方形。砂地にあり、コンクリートの道路が建物やヘリポート、駐車場を結んでいる。全体を東西南北に分かれる四つの正方形に分割したとすると、西側に本部と士官用の宿舎、北側に訓練施設や食堂、装甲車両などのある駐車場があり、南側が建設中の兵舎区画で、全体の内側にあたる兵舎区画の角に私のいる居住区がある。東側の敷地内は、居住区に面する位置に給油所、洗車場があり、北東のすみには給水塔が立っているほか、東南側を走る大通りに抜けるメインゲートがある。全体は、更に約50m外側を高さ5mほどのコンクリート塀で囲まれていて、塀には約100mおきに見張り台が立っている。

キャンプエコーはこの基地の北側にあり、その更に北にディワニヤの市街地が広がっている。東側には広い森が見え、ネパール人警備員デーブによると「民兵が潜んで迫撃砲を撃ってくることがある」らしい。

兵舎区画は、内側を一周するコンクリートの道路があり、その内側に一階建て、二階建ての兵舎が整然と並んでいて、他に、学校の体育館のような大きな食堂、サッカー場、バスケットボールコート、バレーボールコートがある。道路外側には水タンク、教務施設と思われる一階建ての建物が建っている。

建物は、深さ1ｍほど掘った1ｍ四方ほどの穴にコンクリートを打ち込んで基礎とし、太さ3㎝ほどの鉄筋を太さが約25㎝四方の長方形の柱状になるよう組み、約5ｍおきに立てて建物の骨格としている。壁はレンガを積み上げて外側をコンクリートで塗り固めるだけで、地震がくれば簡単に崩壊しそうだが、ＷＳ社で働くフィリピン人エンジニアによれば「地震のないイラクでは十分」だという。敷地内を通る道路は、鉄筋を碁盤の目のように敷き詰めて補強し、その上からコンクリートで覆っていた。基地内にある施設は、工業プラントのような特殊な構造のものではなく、それほど特別な技術や資材を要するものには見えない。わざわざ米国系企業に発注しなくても地元業者でよいのではないかという気がする。

建設作業をしているのは、事業全体を請け負っているＷＳ社の下請けのイラク人業者が雇ったイラク人労働者だ。敷地のすみにコンクリートブロックを積み上げた簡単な小屋を作り、ゴザを敷いて中で寝泊まりしている。多くは南部のナシリアでの同社の建設事業でも雇われていたという。ＧＲＳ社のネパール人らによると「ディワニヤの地元住民は地元民兵と繋がっている恐れがあるので基本的に雇わないらしい」とのことだ。小屋の中に衛星放送が映るテレビやウインドクーラーも設置していて、キッチンでは専属の料理人が豆を主に使ったイラク料理を作っている。夜間は電気が供給されないといい、夕方になると外にマットレスを並べ出すイラク人もいる。夏場には午後八時をすぎても気温は40度を下回らず、蚊も発生する。さぞ寝苦しい夜を過ごしているのではないか。

イラク軍基地の北側区画には、コンクリートブロックや雲梯《うんてい》のような訓練器具が並んでいるほか、敷地中央付近は広場になっていて、兵士が並んで準備体操をしている様子が居住区から見えることがある。居住区裏側の北西側にあるフェンスの向こう側は高さ2mほどの土手になっていて、十人ほどの兵士が完全武装して5mほどの間隔で土手にはりつき、射撃の体勢をとるなどして訓練をしている日もあった。

土手の更に向こう側は士官宿舎で、屋上には見張り小屋があり、兵士一人が常にAK47を持って周囲をうかがっている。夜間、民兵によると思われる砲撃が始まって我々が外へ出てみると、その建物の屋上に立っている兵士の姿を、闇の中にぼんやりとだが必ず見ることができる。イラク人スタッフの一人が私に「あれは俺たちを見張っているのだ」と囁《ささや》いたことがあった。この区画では機関砲などの射撃訓練も行っているようで、夜間でも激しい連射音が響くことがよくある。士官宿舎の奥には基地の本部事務所が見えている。

民間軍事会社の任務

ＧＲＳ社は、ＷＳ社の進める基地建設プロジェクトの安全管理全般を担っている。警備体制は、外の通りに繋がるメインゲートにネパール人警備員二人、建設事業を行っている兵舎区画に入るゲートにネパール人二人とジンバブエ人のドッグマネジャー一人、同区画の中の居住区のゲートにネパール人一人。

ネパール人全員が防弾チョッキ、弾倉を入れるベスト、ＡＫ47で武装し、ドッグマネジャーは短銃のみを腰に携えている。護送部隊とは違ってつなぎではなく、ベージュ色の上下別々の軍服を着ている。防弾チョッキには胸のあたりに無線機がつけられていて、ＧＲＳ社の事務所とネパール人警備員たちの部屋との交信ができるようになっている。

メインゲートと兵舎区画のゲートは午前七時〜午後六時以外は閉鎖される。メインゲートでは、出入りする人の身分証明書や車両の内部などを調べて記録する。兵舎区画のゲートでは、ドッグマネジャーがジャーマンシェパード二匹を使って爆発物がないか検査をする。このゲートには高さ10ｍほどの見張り台があり、ネパール人が汎用機関銃ＰＫＭを置き、双眼鏡で周囲を監視している。ゲートのわきにネパール人一人、見張り台の上にもう一人である。イラク兵一〜二人が常に付き添っており、特にネパール人は彼らと仲良くしているようだ。

居住区入口のゲートはネパール人が日中は一人、夜間は二人で守っている。居住区のすぐ外にはイラク人労働者数十人が寝泊まりしており、GRS社は二十四時間体制でこれを警戒しているわけだ。鉄骨と金網でできた門が開いているのは午前六時〜午後八時で、GRS社発行の写真入立ち入り許可証がないと入ることはできない。入る際には一人一人許可証をチェックされ、名前を記すようになっている。

門から入ってすぐ右側には土嚢《どのう》を積み上げて屋根もつけた3m四方ほどの避難壕があり、外に向けられた窓にはPKMと弾帯がすえられている。左側は鉄製の輸送用コンテナがあり、ここを担当するネパール人の駐屯所のようになっている。コンテナの中は真ん中で仕切られていて、奥は犬小屋として使われている。敷地の表の外側は幅5m、深さ1mほどの堀があり、その更に外側は土が盛られている。居住区内には、ダイニングコンテナの前後に土嚢を積み上げて壁だけを作ったバンカーが設けられている。

司令部は、英国人司令官とコマンダー兼医療担当、もしくは司令官と医療担当、更にネパール人監督兼事務官といった具合に常時最低三人が詰めている。施設管理の監督も同社の仕事で、特にキッチンやダイニングの衛生管理、食事が冷めていないかどうかのチェックまでしている。米軍とも連絡を取り合い、市内の情勢によっては、非常時の撤退用に居住区の裏口側に車両を用意することもある。

複数のネパール人によると、ネパール人警備員の月給は1250ドル、監督は1700ドル、護送部隊PSDの英国人コマンダーは2万4000ドル、ディワニヤの英国人司令官は5万ドルという。月給の他に、一カ月に100ドルの生活費、40ドル分の携帯電話プリペイドカードが支給される。管理職は午前七時ころから午後六時ころまでの基本的に空調の効いた室内の勤務だが、ネパール人は、夏は45度以上になる日中も総重量30kg近い装備をつけて野外で勤務しており、汗だくになっていた。二人体制の夜勤は休憩なしの十二時間労働だ。

非常時でも発砲する前には必ず英国人コマンダーの許可が必要だが、ネパール人警備員のデーブは「相手が発砲してくるなど緊急の場合は同僚に無線で知らせた上で即反撃する」と言った。そうした場面に備え、彼らはイラク軍基地の中で定期的に射撃の訓練をしており、事務所には空き箱で作った的も用意している。

基地の中にもかかわらず、兵舎区画や居住区のゲートにも武装警備員がいるのは、実際にこの基地がイラク武装勢力に攻め込まれた場合に、イラク軍がどのような行動に出るか分からないと、GRS社側がイラク人を全く信用していないからだ。ネパール人監督のロケンドラに聞くと、「イラク軍の将軍が地元の民兵と話をつけて、イラク軍基地を攻撃しない代わりに民兵の自宅を襲撃しない、という取引をしているらしい」と、まずはイラク軍が民兵と通じているとの疑いを述べ、「兵士も建設労働者も、うちにくれば女を抱かせてやるぜ、などと言うが、実際に行ってしまうと民兵に売られ、映像を取られて人質になる。身代金はネパール人なら6000ドル、日本人なら1万5000ドル、米国人なら2万ドルの相場があるらしい。イラク人は、日中は労働者という普通の市民としてここへ来て働き、警備状況、人数、どんな武器を持っているかなど調べて、夜は民兵として活動しているのだ。だから我々は決して彼らを信じない」と言い切った。

ロケンドラらによると、ディワニヤと、西約50㎞にあるイスラム教シーア派の聖地ナジャフのほぼ中間地点の基地の外にあった米国系民間企業の建設事業のキャンプが何者かに襲われ、米国人十二人が射殺された。「米兵の服と国防総省発行のIDカードも持っていて白人のような顔立ちだったため、イラク人警備員は疑わずに施設内に入れてしまい、イラク人は全員逃がされたが、米国人は皆殺しだった」という。GRS社の独自情報のようだが、イラク軍兵士に囲まれた環境でも独自の警備が必要と考えるのは彼らとしては当然なのだろう。

彼ら全員が以前は正規軍や警察に所属していた。ネパール警察は内戦で激しい戦闘を行っており、兵士と同等の経験を持つ。ある日の夕方、ジンバブエ軍でコマンダーだったドッグマネジャーのアンダーソンは、「自分たちは、身分は民間人だが、やっていることは米兵と同じで、敵は我々を兵士と見なすだろうし、それは当然のこと。自分は、それは民間人を狙う殺戮《さつりく》ではなく、戦闘として受け止めている」と話し、横で聞いているネパール人もうなずいていた。○

五年に、英国系ＰＭＣで活動していた斉藤昭彦さんがイラクで死亡した際、日本国内では大手メディアでも「民間人を狙う卑劣な行為」とする反応をしていたが、元自衛官でフランス外人部隊に所属していた斉藤さんもアンダーソンのような感覚だったのではないかと思う。

多国籍軍基地キャンプエコー

最新の音楽ＣＤ、映画のＤＶＤが棚に並び、すぐ横にはブランドもののサングラスの入ったショーケース。その奥のラックでは映画スターが雑誌の表紙でほほえんでいる。その向かいにはソフトドリンクの大きな冷蔵庫。更に奥の棚はチョコレートやスナック菓子、カップラーメンで埋め尽くされている。店内を回ると、砂漠仕様の軍用ブーツ、ザック、短銃用のホルダー、下着類もそろっている。最新の日本製デジタルカメラが一眼レフ、コンパクトともにそろったショーケース。パソコン、テレビゲームまで置いてある。

「これは効くのか」と、ベージュ色のユニフォームを着たスキンヘッドのポーランド兵が小さな瓶を持ち上げてレジに向かって言った。「それはあんた向けじゃないよ」と五十代くらいの白人女性マネジャー。兵士の手にあるのは髪がさらさらになるというヘアケア用品だ。数人の同僚の兵士がどっと笑った。

ここは多国籍軍基地キャンプエコー内にある米国系企業が運営するスーパーマーケット（Ｐ

X）。幅10ｍ、奥行き20ｍ程度の店内では、武装を解いた各国の兵士たちが様々な商品を手にとってつかの間の休憩時間を楽しんでいる。店員は米国人の管理職のほかはインド人で、全員が民間人労働者である。

ここへは、着任して三日目の昼食営業後に、ＧＲＳ社のネパール人監督ロケンドラが私を連れてきてくれた。石鹸や歯ブラシなど、生活必需品をそろえるためだ。イラク軍基地にはこうした場所はないので、長期滞在に必要なものはここへ買いに来ることになる。

この日の昼食中、ロケンドラに「昼食後にエコーへ連れて行くから、服を着替えて、防弾チョッキとヘルメットを持って来い」と言われ、自分の食事もすまないうちに準備を整えて彼の車に乗り込んだ。英国系ＰＭＣだけあって、防弾仕様でもない普通の車はローバー社製。ロケンドラの運転で、車は居住区のあるイラク軍訓練基地の兵舎区画を出ていく。基地の外の大通りとは逆の北西方向へ進み、兵士用の大食堂や様々な障害物を並べた訓練場を通り過ぎると、まっすぐに続く砂利道に変わり、右側はところどころに草の生えた荒れ地、左側の先には林が広がっているのが見えた。荒れ地の１００ｍほど向こう側を、キャンプエコーの南西側の壁が通りと平行して１㎞以上先まで続いている。

イラク軍基地から２００ｍほど進んだあたりにキャンプエコーに向かう取り付け道路があり、車を止めたロケンドラが、米国防総省から支給されているＩＤを窓から出して高く掲げた。キャンプの入り口を守っているポーランド軍の兵士が双眼鏡でIDを確認し、手招きをする。機関砲を載せた軍用トラックと土嚢で築いた小さな砦《とりで》状の門の手前までゆっくりと車を進ませて再び止まると、完全武装の兵士二人が近づいてきてロケンドラのIDを改めて確認し、紙を挟んだクリップボードを差し出した。ロケンドラがGRS社の社名と自分の名前、こちらの人数を書き込んで返すと、兵士があごをしゃくって前に進むよう合図をした。手続きはこれだけでよいようだ。ロケンドラは10mほど車を進めたあたりで自主的に止めて、AK47の弾倉を外して車を降り、道路脇の土の山にあけた穴の中に銃口を入れて引き金を何度かカチカチと引いた。銃が空であることを確認する作業である。再び車を進めて更に50mほど進むと二番目の見張りがいたが、特にチェックはなく中に入ることができた。

基地内の道路はどこも幅20m以上あってだだっ広い印象を受ける。永遠に駐留し続けるわけではないからか、道路はどこも未舗装である。入り口からそのまままっすぐ進むと、右側に高さ2～3mの土塁が並び、その向こうに平屋の仮設の建物が無数に連なっているのが見えた。土塁の前にはどこかの軍の数台の軍用車両が置かれている。更に進んで大きな交差点を越えると、左側にルーマニアの国旗が見え、少し進んだあたりでロケンドラは車を道路脇に止めた。現地のイラク人が開いている露店市場を訪ねるためだ。ロケンドラが基地の入り口とは反対側の先を指さし、「あのすぐ向こうがディワニヤの街だ」と言った。イラク人が、そこから露店市場に商いに通ってきているという。

道路左側の土塁で囲まれた広場へ入っていくと、木の柱とベニヤ板で作った即席の露店が左右に並んでいた。広場は幅30m、奥行き200mほど。駐留している各国の旗のワッペンが縫いつけられた壁掛けや、サソリの標本が入ったガラスの置物などイラク駐留のおみやげ、USBメモリやキーボードなどパソコン周辺機器、海賊版の映画DVDなどが並ぶ。キャンプエコーに駐留している各国の兵士が土産物を眺めて楽しんでいた。ロケンドラによると、PXよりも安価で人気があり、ネパール人はもっぱらこちらで買い物をしている。

再び車に乗り、基地の入り口から見て右側方向に曲がって、車両整備場などを横目に見ながら進んでいく。ロケンドラに、「着任の翌朝に攻撃を受けて炎と黒煙を上げていたのはどこだろうか」とたずねたが、「分からない」と言うだけだった。彼らも、買い物に来ることはできても、基地内をあちらこちらと走り回るわけにはいかないようだ。

PXに着いた。向かいはモンゴル軍が駐留している。左右に続く高さ2m程度のコンクリート壁の一角に設けられた入り口は木の枠と扉でできていて、背の低い平屋の建物が幾つも連なっている。屋根の間を白い布で覆っていて、一見、彼らが草原で使うテントのゲルが繋がっているのではないかと思わせる。PXの入り口の前には、高さ5m近くある巨大なコンクリート壁の壁がそびえ立っている。砲撃に備えた防護壁だ。隣の郵便局の入り口前のコンクリート壁には、燃えさかる炎と煙の中で消防士が奮戦している巨大な絵と“remember 9.11”の文字。その郵便局の横側の壁には、米兵が星条旗を掲げようとしている有名な硫黄島の写真の模写があった。あまりにもコテコテの内容に思わず吹き出してしまった。

ブッシュ政権は〇一年の9・11事件と当時のイラク・サダム政権を関連づけて開戦の口実としていたが、実際には何の関連性もなかったことがその後はっきりしている。クリント・イーストウッド監督の映画「父親たちの星条旗」では、この硫黄島の写真が、国民の戦意高揚のために迫力のあるように撮り直しをした上でプロパガンダに利用されたことが描かれていた。兵士や労働者たちは未だにこのネタで戦意を駆り立てられているのか、それとも、いかにこの戦争が空疎なものであるかを感じているのだろうか。

私が訪れた〇七年現在、キャンプエコーに駐留しているのは、多国籍軍の中南部を統括しているポーランド軍のほか、アルメニア、ラトビア、リトアニア、モンゴル、ルーマニア、ウクライナ、米国、ボスニア・ヘルツェゴビナの九カ国。それまでには、デンマーク、カザフスタン、エルサルバドル、スロバキアの軍も駐留していた。南西側の入り口近くにはポーランド軍、通りを直進した左側にはルーマニア軍、PXの向かいにはモンゴル軍の旗が揚がっているのが実際に見えた。米兵は軍警察のみで、九百人のポーランド軍を中心に計千二百人が駐留。主にイラク治安部隊、警察の訓練に当たり、共同のパトロールも行っている。

第三章　戦場の料理人

激戦地ディワニヤ

イラクにいることをメールで知らせておいたバグダッドに住むイラク人の友人が電話をかけてきて、家族全員で交代しながら歓迎してくれたが、同時に「なんでよりによってディワニヤなんかに行ったのだ」と心配してくれた。イラクでも最悪の激戦地の一つなのだ。

五月一一日、昼食用に冷凍の小エビ入りのチャーハンを作ることにした。その最中、午前十一時半ころ、床下から突き上げるような衝撃が来た。みな手を止めて顔を見合わせている。キッチンのイラク人たちによれば、ディワニヤ市内とキャンプエコーとで撃ち合いになっているらしい。

この日以降、朝食や昼食はイラク人スタッフたちと同じテーブルで食べることにした。彼らは広いダイニングで仲のよいもの同士で集まって食べているが、私が狙いをつけたのは、掃除人のナセル、ムハンマド、ハムザの三兄弟。他のイラク人は居住区に寝泊まりしているが、彼らは通いで働きに来ており、日々のディワニヤ市内の様子を把握している。爆弾が飛んでくることは分かったが、どのような状況によるものなのかを彼らから聞き出せるかもしれない。小学校しか出ていない彼らはあまり英語ができないが、二〇歳前後の若い彼らとは、身振りを交えつつ、彼らの使うアラビア語をこちらがまねながら覚え、日本から持参した携帯を見せたり、連中の好きなエロ話につきあったりしてすぐに打ち解けることができた。

三兄弟は背格好も顔つきも違い、一見して兄弟には見えないが、イラクではこうした兄弟をよく見かける。一番上の兄ナセルは、太い眉《まゆ》に大きな目でまるで漫画の「鉄人28号」のような顔をしている。180㎝弱の長身である。真ん中のムハンマドはややシャイであまり話さないが、やはり長身で引き締まった身体をしていて、「けんかが強い」らしい。私が着任して数日はいなかったが、それは「街の検問所でいちゃもんをつけてきた警察官数人ととっくみあいをして、拘置所に入れられていた」からだという。末っ子のハムザは長髪ぎみのなかなかの男前で、英語が少し得意だ。身長は160㎝台前半と小柄なのだが、趣味でボディビルをやっていて、なかなかに分厚い体つきをしている。彼らは話してみると素朴で人なつこかった。

ある日の朝、ハムザが「イラクに来るのは初めてなのか」と聞くので、「戦争前にも後にも旅行で何度も来ている。友達のイラク人は米兵に撃たれて死んでしまった」と実際に取材してきた内容を話すと、「俺の友達も戦闘に巻き込まれて死んでしまった。すごく泣いたよ。米軍が来なければこんなことにはなっていないのに」と打ち明けた。「米国なんか嫌いだ。でもここの米国人やネパール人にそれを言うなよ」と付け足した。民兵の侵入を恐れるPMCがこうした〝思想〟を持つ人間が働くことを許すはずがない、と彼ら自身が認識しており、それでも話してくれたということは、いくらか心を開いてくれたということだろう。

一四日の朝食後、ナセルが「誰にも言うなよ」と携帯に入っている動画を見せてくれた。イスラム教シーア派の聖地ナジャフだというその映像には、武器を捨てて両手を上げている米兵のもとに覆面をした数人の男が殺到し、叩き伏せる場面や、見るからに震えておびえている米兵の顔、撃たれて死亡したという米兵の顔、爆破される米軍車両ハンビーなどが映っていた。イラク人だという歌手が何かを歌っている映像が合成で手前に映っており、ナセルは一緒になって歌い始めた。「マフディ軍の歌だ」という。こうした映像がネット上に出回っているらしく、「みんなネットカフェで携帯にダウンロードしている」という。別の映像では覆面をした男が建物の陰からAK47を連射している。彼は「これは俺だ」と得意げに言った。本当なのかどうかは分からないが、一部の若者にとってその「マフディ軍」があこがれの存在となっていることは確かなようだ。

マフディ軍とは、シーア派の中でも対米強硬派であるムクタダ・サドル師を支持する集団の軍事部門である。バグダッドの貧困層の集まるサドルシティを拠点とし、〇四年の夏に米軍との大規模な戦闘を展開して以降、米国側と激しく対立してきた。サダム・フセイン時代に政権中枢に多かったとされる同教スンニ派集団との戦闘を繰り広げていた米軍が、同時にイラク国民の多数を占めるシーア派の集団とも対立したことは、その後のイラクの混乱を決定づける要素となったと見てよいだろう。そのマフディ軍の支配地域がディワニヤ市内にある、ということがナセルらの話から分かってきた。キャンプエコーに迫撃弾などを撃ち込んでいるのは彼らだという。

イラク中南部に位置するディワニヤは、人口約四十万人の殆どがイスラム教シーア派だ。市内中心部のそれぞれ隣接するアスカリ一〜三区、ジャムフーリ一区、クサイメ地区、アスカン地区、アスクーリ地区、チャラビーヤ地区、アスリ地区、ハイファラート地区、ハイロンバーン地区はマフディ軍が掌握しているといい、兵力は三千人を超すという。パトロールに入った米軍車両が仕掛け爆弾で炎上するなど、多国籍軍やイラク警察は立ち入りが難しいほどだという。明るい時間帯に攻撃ができている様子から、住民の目を気にしていないことが考えられたが、こうした地域があるという話を聞いて納得がいった。

一六日の午後、夕食の準備中に、やはりディワニヤから通ってきている料理人のイーサが「ディワニヤ、ムシケラ（問題だ）」と深刻な顔で言った。携帯で市内の親戚らと話した彼の情報では、市内中心部でイラク警察官四人とポーランド兵一人が射殺されたらしく、中心部と南部一帯に外出禁止令が出されているという。ナセルら兄弟の話では「イラク警察は、ポーランド軍と一緒にマフディ軍の地域にパトロールにきたから、スナイパーに狙撃《そげき》された」らしい。どうやらディワニヤのマフディ軍は、占領者である米軍やポーランド軍などの多国籍軍だけでなく、イラク警察とも対立しているようだ。

一八日午後三時四五分ころ、西の方向から地響きがするような爆音。キッチンでお茶を飲んでいたイラク人が驚いてグラスを落として割ってしまった。全員で外へ出て、イラク軍基地の向こう側に黒煙が上がっているのを確認する。キャンプエコーからヘリが飛んで行く。写真を撮りたかったが、周りにイラク人がいるし、手は調理中の肉でべとべとなのでポケットのカメラを出すわけにもいかない。現地の通信社の報道によると、一七、一八日にポーランド兵各一人が狙撃されて死亡したようだ。

一九日午前八時ころにはキャンプエコーの北側のディワニヤ市内あたりから射撃音が連続して聞こえてきた。ヘリが市内方向に頭を下げながら降りていくのが見える。市街戦が起こっているようだ。ダイニングに戻ると、朝食をとっていたナセルが状況を説明してくれた。午前六時ころ、市内のイラク兵の家が武装集団に襲われて兵士が撃ち殺され、捜査にきた兵士や警察官も狙撃されて、兵士五人、警察官五人以上が死亡したという。米国防総省によると、ディワニヤでこの日、路肩爆弾により米兵一人も死亡している。ナセルは「昨日は、通り沿いの両側の建物の屋上に、黒ずくめの集団が百人以上、ずらっと姿を現して、ポーランド軍に一斉射撃を加えたらしい」と興奮して語った。市内の市場やパン屋は閉まっていて、この日は食材調達ができなかった。

二〇日午後八時ころ、キッチンの外を歩いていると、赤と青のランプをつけた警察車両のような車と、軍用車両ハンビーなど数台がイラク軍基地にものものしくやってくるのが見えた。市内では警察官十人以上が狙撃されて死亡したという。翌日、ナセルらに聞くと、午後六時ころから四時間近く市内で戦闘が行われていたといい、「市内中心部でポーランド軍の軍用車両一台が路肩爆弾で吹き飛ばされて兵士数人が死亡した」との噂が流れていたらしい。

イラク警察の中核をなしているのは、シーア派のアブドゥルアジズ・ハキーム師のイラク・イスラム最高評議会（SIIC）の軍事部門バドル旅団。サダム時代にイランに亡命したイラク人がイラン政府の指導の下に結成し、対イラクのゲリラ活動を展開していた民兵組織だ。反サダムの組織として米軍とともにイラクへ舞い戻り、そのまま警察の殆どと軍の一部にすり替わったのである。一部の組織の私兵にイラクの治安組織が牛耳られているわけだ。

〇六年二月に発生した、イラク中北部サマッラのシーア派の重要な宗教施設であるアスカリ廟の爆破事件などをきっかけに、バグダッドなど特にイラク中部のシーア派とスンニ派の住民が混在する地域では、それぞれの宗派の武装組織間で激しい抗争が繰り広げられていた。拷問を受けたスンニ派住民の死体が多数発見され、その殺害にイラク治安組織が関与していたことを、イラクのタラバニ大統領が公式に認めている。その中心になっているのがバドル旅団であるとみられている。

しかし、こうした対立がスンニ、シーアの宗派間だけで行われているわけではないことは、ディワニヤの状況からよく分かる。警察や軍の一部を掌握して公的な治安組織となったバドル旅団が、多国籍軍とともにライバルの民兵をつぶしにかかり、マフディ軍がそれに抵抗している、という構図だ。つまり、利権を握った者と握れなかった者とが相争っている状況で、イラク国内の争いの背景にあるのは実は殆どがこれである。

ナセルはこうしたバドル旅団が嫌いらしい。彼らによれば、このイラク軍基地にいる将校や兵士の大半もバドル出身という。イラク兵の月給は400～600ドルで、250ドルのナセルよりもはるかによいが、「600ドルくらいは将校に裏金を渡さないと兵士にはなれない。渡す金が少ないと危険な場所に優先して送られることもあるし、金を渡したのに採用されずにそれっきりということもある」ということで、ナセルは兵士にはなりたくないようだ。

SIICの支持者に高等教育を受けた者が多い一方で、マフディ軍にはそれを受けていない貧しい人が多いとされている。「マフディ軍は強い」と言う彼は、「ムクタダも他のマフディ軍の将軍も貧しい生活をしていて、金のことしか考えていないSIICのバドル旅団の連中や首相のマリキとは違う。だからみんなムクタダを支持するんだ」と得意げに言った。バグダッドから来ているウェイターで朝食担当のサイードは、「イラク警察はみんなバドル旅団。警察のバッジとバドルのバッジを持っている。バドルのバッジを持っていれば警察の検問はチェックなしで通過できて、その先で銃を乱射して何人も殺してもそのまま素通りで帰って行く。車のトランクに女性や子どもが詰め込まれていても素通りできる」と言ってバドル旅団を批判した。

ナセルもサイードもシーア派である。イラクの混乱が、このころの報道がよく使う「宗派対立」という言葉では語れないことが、彼らの話からも分かる。しかし、宗教という「よく分からないもの」が原因と言ってしまえば、報道は「よく分からない」ですんでしまう。取材をしたくない報道機関には好都合だし、混乱の原因はイスラム教である、と言って責任を逃れられる米国にとってもこれは狙い通りであろう。

居住区の衛生管理

ある日の午前八時すぎ、キッチンでその日の昼食のための牛肉を処理していると、勝手口をあけてこちらを手招きしている男がいた。GRS社のコマンダー兼医療担当の英国人マークである。中肉中背で怒り肩、赤毛に太くて長いもみあげと、にらみつけるようなギョロ目が特徴の彼が、居住区内の衛生管理全般も担っている。GRS社は、この建設事業を手がけているWS社から、安全管理と衛生管理を請け負っていた。

そのマークが、「イラク人が中に入っていった」と言って、キッチンからダイニングへ入ろうとしていた掃除人兄弟の足もとを指さした。何のことか分からずにきょとんとしていると、「あいつらには何度も言い聞かせてきた。規則があって、あいつらも知っているのだ」と言って私をにらみつけた。掃除人は私の属するV社のスタッフであり、キッチンは我々の仕事場である。我々の側で監督できているのか、と彼は問い詰めていた。反論は許さないという意志がありありと伝わってきて、その顔はまるで赤鬼のようにすら見えた。後で分かったことだが、この居住区ではキッチンとダイニングには靴を履いて入らなければならず、サンダルは禁じられていた。何かの拍子に足もとに怪我をして出血でもする恐れがあることから、衛生管理上、素足に近い状態は認められない、ということらしい。

ダイニングの壁には、GRS社の現地司令官ロバートのサイン入りで、朝、昼、晩の食事時間を書いた張り紙と、「禁煙」と書いた張り紙がはられている。二十四時間体制で警戒にあたるPMCとしては、警備員が食事をとる時間を管理しなければならないという事情もあるだろう。共有スペースである一つしかないダイニングが禁煙なのは、私個人としては当然に思えた。食事については、作りたてが要求された。少しでも冷めているとマークが感じれば、席を立ってサービス中の私の前まで来て「冷めている」と言ってにらみつけるか、食事後にキッチンの勝手口にやってきてポールに苦情を申し立ててきた。過去には、「冷めている」という理由で全ての料理を捨てるよう命じたこともあり、その日は居住区の全員が米軍支給の戦闘糧食を食うことになったという。「またやったら、他の料理人をよこすようにV社の社長に言いつけるぞ」と脅すこともあったといい、ポールは常に戦々恐々としていた。

ダイニングの湯煎システムは、持ち運びできる小さな電熱器で下からあぶるだけで、六皿あるのに電熱器は二つしかないという状態なので、うまく電熱器の位置を入れ替えながら温めないとどれかは冷めてしまう。ダイニング担当のイラク人が十分な時間をかけて温めていればよいが、すっかり忘れて間に合わないこともしばしばだった。マークの好きなフライドポテトはイラク人が揚げているが、早く仕事を終わらせてのんびりしようと開店の一時間前に揚げてしまい、湯煎の水が温まる前に保温しようとするので、結局冷めてしまうということもあった。

イラク人スタッフは、直接マークから何かを言われることがないからか、何度でも同じ失敗を繰り返すので、ポールはこれについても監視するように私に命じたが、例によって効果はなかった。イラク人の中には、色々とうるさいポールがマークに怒鳴られているのを密かに楽しんでいる者もいて、たびたび繰り返しているのは確信的なのかもしれなかった。

マークは好き嫌いも激しく、辛いもの、酸っぱいものはだめで、ピーマンを食べられず、炒り卵はとろとろでなければ許せず、狭い居住区の中で運動不足なことを気にしてか、いつしか肉類も食べないようになった。イラク料理にもネパール料理にも手を出さないので、ジャガイモ料理かパスタくらいしか食えるものがない状態だった。英国人司令官ロバートも、肉料理は食べるが基本的に嗜好《しこう》は似たようなもので、いつも食う物がなさそうな顔をして料理を眺めていた。米国人やオーストラリア人らは色々と手を出して食べており、これは食い物に特異な嗜好を持つと言われる英国人の性質によるものだったのかもしれない。

居住区には雌ネコが住み着いていて、七月ころに三匹の子ネコを産んだ。料理に使わないすじ肉の部分や、食い残しの肉料理や魚料理を与えるなど、キッチンスタッフ全員でかわいがっていた。肉処理を担当していてえさを与えることが多い私には特になつき、仕事の終わった夜に外で涼んでいるといつの間にか全員で寄ってきてじゃれついてきた。記者という本分を隠していて常に気を張っていなければならない私を和ませてくれたのは、ネコたちだった。

しかし、マークは彼らを憎んでいた。どこから病気を運んでくるか分からないし、居住区内で糞《くそ》でもすれば衛生上問題があると考えるのは衛生管理者としては当然だろう。ネコを見かけると私に「殺せ」と例の赤鬼顔をして言い、狙いを定めて本気で石を投げつけることもあった。私は一度、「たまにネズミを捕ってくることもあるので、立派なスタッフなのですよ」と言ってみたが、彼は「殺せ」と繰り返すだけだった。兵士というものは、殺生を厭《いと》わないものなのだろうか。マークたちが食事をしている間に、ネコが勝手口からダイニングにまで入りこんでくることもあり、本気で「処分」されてしまうことになりかねないので、キッチンに入りこんで来たときには怒鳴りつけるなどしてしつけをするよう心がけていた。

危険な水

六月にもなると日中の気温は40度を超えた。日の暮れる午後八時ころになっても風が運んでくるのは体温を上回る温度の熱気だけである。空気が乾燥しているのでさほど苦にはならないが、直射日光はまるで熱光線のように肌を焼きつけてくる。屋外で何時間も働いているネパール人警備員たちは、食事の際に缶ジュースを二本にパックジュースを二本といった具合で持っていくようになった。脱水症状になりかねないので水分を十分に取らなければならないからだが、どうしても飲み過ぎて食欲がなくなってしまいがちだ。昼食時など、誰もがだるそうに足を引きずるようにしてダイニングに入ってくる。果物しか食べない者も出てきた。

料理人としては、そうしたときに食欲のわくようなメニューを出したいと考える。しかし、酢豚にしようにも豚肉がないので牛肉やラム肉で「酢牛」「酢ラム」を作ってみたものの、酸っぱい食べ物が好きなのはフィリピン人くらいで、残念ながらあまり好評ではなかった。さっぱりとバンバンジーにでもしようかと思ったが、「胸肉だけ使おうだなんて、ただの浪費だ」とポールに却下された。他の部位は別の料理に使えばいいのだから浪費にはならないのだが、結局、こうした季節に向いた料理を出すこともなく、いつもと同じものを、組み合わせを変えて繰り返し出すだけの単調なメニューが日々続いていた。固形スープで味をつけるだけのシチューなど、私自身、見るのもうんざりだった。

そんな夏のある日、午後八時ころ、建設現場に寝泊まりしているイラク人建設労働者の一人が居住区に運び込まれた。腹をこわしたのだという。患者の同僚のイラク人労働者らは「水にあたったのだ」と口々に言った。彼らは、基地内の各地にある水道の蛇口から出てくる水を使っている。その水はキッチンの蛇口からも出てくるが、茶色く濁っていて私にはとても飲めそうになかった。居住区のトイレや洗面所には、「飲用に適さず。飲用や歯磨きにはペットボトルの水を使うこと」との張り紙がされていた。この水はディワニヤ市内の水道の水をタンク車でイラク軍基地の貯水塔にためたもので、市民はみなこの水を使っているのだという。

掃除人のナセルは三歳になる娘がいるが、「病院に連れて行く」と言って仕事を休むことがたびたびある。「病院はいつも幼い子どもたちでいっぱいで、この水で腹をこわしたという話ばかり」と彼は言う。八月にはイラク北部のキルクークでコレラが発生し、一気にイラク全土に広がった。コレラの感染は、汚染された食物や水による経口感染が一般的である。ナセルらによれば、ディワニヤの電力供給は貧弱で、一日に数時間通電すればよいほうだという。「扇風機や冷房を使えないために夜間は屋上に寝るしかないが、多国籍軍のヘリが低空を飛び回るため眠れない」と彼らは言う。浄水場はあるものの、電気すらない状態では浄水効果はあまりにも不十分で、水道はただ川の水を各地に運ぶだけの役割しかないようだ。

米ワシントンのシンクタンク「Foreign policy in Focus」の〇八年三月のリポートによれば、イラク戦争の一日あたりの米軍駐留費用が2億7500万ドルで、開戦以来既に5200億ドル以上が使われているが、イラク国内の失業率は25～40％、国民の70％が水道水を利用できず、同80％が公衆衛生サービスのない環境で暮らしている。「みんなが民兵マフディ軍を支持するのは、政府がろくに働かないからだ」と掃除人兄弟は私に語った。

燃える多国籍軍基地

七月二日午前二時ころ、巨大な足でコンテナをガツンと蹴《け》りつけたかのような衝撃で叩き起こされた。一瞬のうちに膨張した空気があたりのものをなぎ倒すような、痛烈な圧力を感じさせる風音を伴って、六発、七発、八発とその衝撃が続いた。いっこうに終わる気配がない。外に出てみると、キャンプエコー方向に真っ赤な炎が上がり、闇の中に浮かび上がった黒煙が北から東方向へ広がっていくのが見えた。かなり広範囲で激しく燃えているのか、夜空が赤黒く染まってまるで夕暮れ時のようだった。

外で直に受ける爆弾の衝撃波はただの風ではなく、体中の骨が外に吹き飛ぶのではないかと思わせるような体内に響く感触があって、いつのまにかコンテナに身体半分を隠してこれを避けようとしていた。現場でこの衝撃波を受けている兵士たちには、特に脳に深刻な後遺症が残るとの報告もある。数百m離れている場所でもこれほどの〝不快感〟を与えるのだから、現場はさぞすさまじいことだろうと想像する。

普段は爆音程度では外に出てこないGRS社の英国人司令官ロバートらも、この日は全員がコンテナの外に集まって談笑していた。ゲートに向かって歩いていた私と目が合うと、ロバートは目を大きく開いて、いたずらっぽい顔をした。こうしたときに深刻な顔をしていても仕方がないのだ。心配はないのだと気を使ってくれたのかもしれない。

北東方向に照明弾が上がり、東に向かって地上から30度ほどの角度で曳光弾《えいこうだん》が飛んでいった。二秒ほど遅れて機関砲の連射音。その間も迫撃弾の飛来音が聞こえ、北方向から破裂音がする。北北西方向の地上付近が一瞬光り、数秒後にこもったような爆音が一発聞こえた。北東方向に、60度ほどの角度で、先ほどよりやや遅く曳光弾が飛んでいった。民兵の多いとされている地域に向かってとにかく撃ちまくっているかのようだった。相手の場所を確認して撃っているとは思えず、民間人を巻き込むことも前提のうちでしかないかのようだ。六月中にも、爆音と衝撃で叩き起こされることが三日に一度はあったが、これほどの攻撃は初めてだった。ロバートによれば、「60発は着弾音が聞こえた」という。

夜が明けて昼食の料理をしている間に、イラク人料理人ハッサンが市内に住む姉に電話をかけて無事を確認していた。ハッサンは、身振りを交えながら「民兵は車でやってきて迫撃砲を撃ってすぐ逃走する。その後に米軍ヘリがきてそこら中を撃ちまくるので、関係ない人ばかりが犠牲になる。ゆうべは家七軒が大破して、住民十六人が死んだらしい」と説明し、「ここの仕事が終わったら隣国のシリアにでも行きたい。ディワニヤは危なすぎる」と眉をひそめて言った。

日本では、七月四日付の「赤旗」が現地通信社の情報として、「市民十人が死亡、三十人以上が負傷。武装集団がカチューシャ・ロケット砲でディワニヤ南郊の多国籍軍のエコー基地を攻撃後、米軍が報復措置としてディワニヤ市内を空爆したもの」として、この日の戦闘を伝えている。米兵の死者数は増加傾向にあり、〇七年四月が百四人、五月は百二十六人、六月は百一人と三カ月連続で三桁に達した。〇三年三月の開戦から〇七年六月までの五十一カ月のうち、一カ月の死者数が百人を超えた月は五度だけ。二カ月以上続いたのは初めてだった。

ディワニヤを含むイラク中南部の治安維持を担当しているのはポーランド軍で、米国のNGOイラク連合軍犠牲者統計によると、開戦から〇七年の夏ころまでに二十人近い死者が出ていた。ポーランドメディアの報道では、キャンプエコーは〇七年の二〜六月だけで三十八回の攻撃を受け、四月には洗濯サービスの施設が全壊し、米国人の民間人労働者一人が死亡した。このときの炎と空を覆った黒煙はイラク軍基地内の居住区からもはっきり見えたと、ポールやイラク人スタッフが証言している。更地となっている跡地はエコーに行った際に私も見た。米国人が自ら洗濯をしているとは考えにくく、恐らく数人以上のアジア人がその監督のもとに実際の労働をしていたはずで、他に記録に残らない死傷者が出ていたと思われる。

私は、激しい攻撃を受けているこのキャンプエコーで働きたくなった。爆弾の降り注ぐその場所で多くの民間人が働いているのだから、それがどのような状況なのか、同じ環境に身を置いて知りたいと思った。大きな爆音と強い衝撃波はイラク軍基地にいても伝わってくるが、その真下の現場から見ればしょせんは〝遠くの花火〟でしかないのだ。

キャンプエコーの大食堂は、米国防総省の最大の契約企業であるケロッグ・ブラウン・アンド・ルート（KBR）社が経営している。三度目にエコーに連れてきて貰った際に、ロケンドラに頼んで食堂の前まで行かせて貰った。既に昼食は終わっていて、体育館なみの規模を持つ建物のドアは閉まっており、強化プラスチックの窓の向こうに、忙しそうに働くアジア人らしい労働者の姿が見えた。多国籍軍基地では場所によっては数千人から数万人を食わせなければならず、湾岸諸国や米国本土の大工場で大量生産されたレトルト食品を温めて出すだけ、という食堂が殆どだという。この食堂を取材したポーランドの記者は「これがアングロサクソン形式。何でもそろっていてパラダイスだが、防腐剤だらけで健康にいいとは思えない」とリポートしている。イラクの民間人に無数の死傷者を出している多国籍軍の兵士が、いったいどのようなものを食ってそれを行っているのか、ぜひとも中で働いて観察してみたい。

私の姿に気づいた労働者の一人に責任者を呼んできて貰い、「隣のイラク軍基地で料理人をしている日本人だ。ここで働かせてくれないか」と頼んでみたが、米国人の黒人マネジャーは「ウェブサイトから申し込め」とつれない態度ですぐに扉を閉めてしまった。仕方なく、200mほど離れたブロックにあるKBR社の事務所に行ってみると、二十代と思われるジーンズをはいた受付の金髪女性がにこやかに対応してくれたが、「ここにアクセスして」と紙に書いて渡してくれたのは同社のウェブサイトのURLだった。せっかくイラクにいるのに、ネットを通して申し込まなければならないのは馬鹿馬鹿しかったが、現場にはリクルートの体制はないのだからやむを得ないのだろう。アジア人たちと一緒に下っ端の労働がしたかったし、実際それくらいしかできないのだが、その採用体制も現場にはないらしい。

イラク軍基地に戻って、仕事後に自分の携帯でKBR社のウェブサイトを見たが、募集している食堂関係の職種はマネジャーや全体を統括するシェフなど管理職だけだった。どの職種でも学歴や論文の内容、過去の業績などを細かく問う内容になっていて、新聞記者しか経験していない私にはどうごまかしても難しそうだった。料理スタッフに応募してはみたが、「他の人に決まった。懲りずにまた応募して」という自動回答メールを後日受け取っただけだった。

流血の日々

最もひどかったのは、左人差し指の第一関節の右端あたりの甲側を、2㎜ほどの厚さでそぎ切るようなかたちで刃が入ったときだ。幅約2㎝、最大で深さ5㎜ほどにも達しただろうか。赤い液体が一気に球のように盛り上がってきて指からしたたり始めた。急いでまずは水で洗い、部屋へ走って絆創膏《ばんそうこう》数枚を取り、誰にも見られないようトイレに駆け込んだ。ティッシュで強く押さえつけて噴き出した血を吸い取り、次の盛り上がりが来るまでの一瞬の間に、傷口の指の根本に近いあたりから絆創膏を二枚、強く巻き付けた。何とかこれで止められそうだ。

何度指を切ったことだろうか。このときは、カレー用にタマネギをスライスしている間に、厚さ1㎜以下にできないかと欲を出し、タマネギを押さえる左の指を微妙に動かしやすくするために横に倒してしまったところをざっくりと切り込んでしまった。この瞬間はイラク人には見られなかったはずだが、料理の段取りも中途半端なままにキッチンを出て行った様子から異変を感じたことだろう。

料理人として働き始めてから一カ月も過ぎたころには、ここで必要な料理はとりあえずかたちになるところまでできるようになっていた。当初は戸惑ったシチューも、ニンニクとタマネギ、肉と順次炒めてから小麦粉を入れ、火を通してからトマトペーストを落とし、オレガノなどのハーブを振って、具材を入れて水で煮込むなど、ほぼ段取りは覚えた。ここでは味付けにキューブ状の固形スープを入れるので、大した作業は必要ないのだ。日本では作ることのなかったスパゲティのソースも、ニンニク、タマネギを炒めて、グラインダーでジュース状にしたトマトを入れて煮詰めるなど、手順はほぼ把握した。

調理方法をノートに事細かく記録して身にはつけたものの、その間、「日本人はスパゲティを食わないのか?」などとポールにさんざんバカにされたものだった。「日本とスタイルが違うから」とごまかしていたが、さすがに料理歴の長い彼には、私がエセ料理人であることは知られていたのではないか。問題にされなかったのは、料理の経験がないのに偽って料理人の職にありつくインド人やネパール人も少なくないからだろう。

指を切るようになったのは、特に着任二カ月がたった七月ころからだ。必要な料理をあらかた覚えて、集中力が欠け始めていたのだろう。手を動かしながらも、ここで日々料理をしているだけでよいのか、もっとイラク人やネパール人の話を聞き、撮れるだけの写真を撮って、あとはいかにしてキャンプエコーに転職するか、などと取材のことばかりを考えていた。気もそぞろに包丁を振るっていれば、刃向かわれるのも当然だろう。なぜ切ったのか、過程を思い出せないようなことすらあった。

指を切ろうと何だろうと、ここに代わりの料理人はいない。大事なのはすぐにでも仕事に復帰することだ。結局、まず自信をつけたのは、料理よりも止血だった。

戦場に響く音

七月二八日午前六時ころ、遠くで聞こえていた数発の爆音でなんとなく目覚めていたところへ、「プゥーン。シュルルルル」という飛来音が頭上から聞こえた。心臓から胃のあたりが収縮し、体が硬直した。その音は北から南へと頭上を通り抜け、「ダーン」という轟音《ごうおん》と下から突き上げるような衝撃がやってきてコンテナが一瞬浮き上がった。部屋の壁に立てかけてあったモップが倒れ、その音で我に返ると、心臓がずきずきするほどに脈打っていることに気づいた。一瞬の間のことながら、時間が止まったかのようだった。同室のポールもベッドの上で顔をこわばらせている。これほどに音が近いのは私が着任してから初めてのことだ。

この音と衝撃は、建設現場敷地内に迫撃弾が落ち、私のコンテナから200m程度の場所に直径5mほどのくぼみを作った際のものだった。私たちのいる居住区のある兵舎区画の周回道路付近で、昼か夕方の営業後に私がよく散歩をしているあたりだ。危険なのは破片で、着弾点から30mほど離れた場所の兵舎のガラスは割れ、壁に幾つも小さな穴が開いていた。

○・五秒ほどの間に高音から低音へ1オクターブほど一気に下がった飛来音の聞こえ方を考えると、近づいてきた砲弾が頭上を通り過ぎた瞬間だったのだろう。高速で飛ぶ音源が近づいてくるだけならば、音階が急速に下がることはないはずだ。本当に頭上に降ってくる場合はこうしたドップラー効果のような聞こえ方はせず、「シュォォオオとでかい音が近づいてくる感じになる」とGRS社のネパール人警備員が教えてくれた。状況によるが、弾は音よりも速い速度で飛んでくる場合が多く、直撃の場合は飛来音を聞く前に炸裂《さくれつ》する。映画や劇画でよく出てくる「プゥーン」という飛来音は、実は着弾点から少し離れた場所で聞いている音ということになる。着弾点が近ければ破片に当たる危険性が高まる。「プゥーンなら近くないから気にしなくてよい。シュォォオオなら、着弾後の破片を避けるために、一瞬のうちでもできる限り地面を掘って伏せろ。ただし、地面からの着弾の衝撃で内臓をいためないよう若干胴体を浮かせろ。弾がどこに落ちるかなんて正確には分からないから、直撃だったらしょうがないと思え」とネパール人が指導してくれた。着弾点や戦闘地域との距離を推し量るために、こうした音の聞き分けは重要なのだ。

音の大きさで言えばごく間近で聞く打ち上げ花火の音のほうが上かもしれないが、数百m離れた場所で聞く着弾音は、「ドン」という炸裂音に「グワ」と何かが砕けるような音と、「ブファン」と急激に空気が膨張したような音が混ざることで、独特の不快感を覚えさせる。何かが破壊されているのだろうということを本能的に感じさせるのかもしれない。更に、叩きつけるような衝撃波を受けるのだから、その「感じ」がより具体的になる。破片が飛んできてもおかしくはなく、ネパール人警備員が私をコンテナの陰に押しやることもあった。発射音の場合は砕けるような音は混ざらない。撃っているのか撃ち込まれているかの聞き分けが重要なことは言うまでもない。

爆音が響いてくるのは殆どが深夜か早朝の時間帯で、そのつど眠りを妨げられ、心身ともに疲弊させられる。攻撃側にはそうした意図もあるのだろう。私と同じPSDでやってきて一週間で帰ったトルコ人エンジニアの一人は「寝ているときに爆音がすると怖くて、防弾チョッキとヘルメットをつけてベッドの下にもぐりこんだ。破片が飛んできたってこんなコンテナなんて簡単に貫通するから」と心底おびえていた。私の前任者のインド人は、連日響いてくる爆音に耐えかねて退職したらしい。私に突然職が回ってきたのはそのためだった。WS社のスタッフとして私の着任前に滞在していた米国人男性は、連日の爆音と、狭い居住区内での息苦しい生活のストレスで酒におぼれ、日中もふらふらと敷地内を歩き回って、コンテナの壁を突然殴ってへこませるなど問題を多々起こし、希望して帰国したという。軍人として訓練を受けているわけでもない民間人労働者にとって、このストレスは小さくない。

戦争によって街全体が壊滅するということは現代ではそう多くはないので、現地住民でも着弾点から数百m以上離れている人が殆どだ。基地が攻撃された場合でも、全体が壊滅するわけではないので、戦場労働者についても同じことが言える。しかし、砲弾の音に驚かされ、いつ弾や破片が直撃するか分からないという恐怖によって心身をすり減らされるという意味では、そこも戦争の現場であると言っていいだろう。

ただ、着弾の本当の現場にいた人の証言を病院などで聞くと、彼らとこちらとでは、通り抜けた現実に決定的な違いがあることを認識させられる。もちろん、境遇の違いなども考えれば、同じ体験をしたところで心情を理解しきれるものでもなく、そこで大切になってくるのはその隔たりを埋める想像力なのだろう。しかし、想像力を働かせれば心は痛むし、より恐怖心も増す。現場に住み、逃げることもできない人たちは、それすらも克服するのかもしれないが、自らこの場所に身を置いている労働者の場合、実際の現場は見ないだけに想像力は働かせにくいし、むしろそうすることで己を維持している部分が大きいのではないかと思う。

黒い卵事件

七月二〇日午前九時半ころ、GRS社の英国人コマンダー兼医療担当のマークが部屋にやってきた。珍しい訪問である。「卵も牛乳もよくない。黒かったり、どろどろしていたり。牛乳が膜をはっているのを見た者もいる。古い物は全て捨てろ」と厳しい口調で言った。

ついに発覚した。私は朝食にイラク人スタッフが卵焼きを作るのを見ているが、中身が黒いヘドロのようになった卵があることに最初に気づいたのは六月四日で、それ以降、連日幾つかは見かけるようになっていた。使っていた卵の賞味期限は六月七日。インド産で生産年月日は三月五日だ。卵は倉庫に保管しているが、空調を効かせてはいてもしょせん冷蔵庫ではなく、倉庫内の気温は30度弱にはなっていた。ちなみに日本の農林水産省「消費者の部屋」のウェブサイトでは、食中毒の原因となるサルモネラ菌の増殖が起こらない期間を、平均気温23度で二十五日間とし、実際は業者側で賞味期限を二週間程度に設定しているとも紹介している。

傷んだ卵は危険なので、ポールに報告したが、「卵は他にないのだから、使うしかない。期限切れになることをイラク人スタッフが知ったらみんなにしゃべって大変だが、連中にはそういうことはどうせ分からないだろう」と取り合わなかった。冷凍の肉や缶詰、牛乳や卵は一〜二カ月に一度、クウェートからトラックで運ばれてくる。その間に卵がなくならないよう、彼は、イラク人スタッフは朝食には一人二つまで、というルールを設定し、私に監視させていた。

七月一日、そのトラックが着いて倉庫には新しい卵が山積みになった。しかし、彼は既に賞味期限の切れた古い卵を使い続けた。客用の朝食にはゆで卵も用意している。卵焼きならば料理する前に中身を見ることができるが、ゆで卵の場合、客がかじってみるまで分からない。私はポールにその危険性を訴えたが、「腐っていたら水に浮くから大丈夫だ」と一笑に付した。それで分かるかどうか疑問だが、朝食用の卵を用意する役割の彼が実際にチェックしていたわけでもない。結局、賞味期限から一カ月と二週間がすぎた同二〇日に発覚したわけだ。

発見したのはイラク人エンジニアのファリス。案の定、ゆで卵を食べようとしたときだった。

「一つあけたら黒。もう一つあけたらまた黒。四つも続けて黒かった。マークも見ていた。なぜ新しい卵を使わないのだ」とダイニングで朝食中の私に言った。一方、卵が傷んでいることに既に気づいていたイラク人スタッフらは、二つしか食べてはいけないなどと言われてきた腹いせから、問題発覚を知って大喜びしていた。

しかし、発覚を伝えてもポールは悠然としていた。「古い卵は今日で使い終わったからもう問題ない。文句があったらキッチンを見に来ればいい。まあゆで卵だと中身をチェックできないから。しかし、四つも連続だなんて運の悪い男だ。他の人はそんなことにはなっていないのだから、こちらに問題はない」と笑い飛ばした。

牛乳も同様に節約するために、我々V社のスタッフは飲んではいけないことになっていた。許されていたのは紅茶に少々足す程度で、これについてもイラク人を監視するよう私に命じていた。しかし、卵と同様に、1ℓパック7ダースが七月二五日の賞味期限を迎えることになった。新しく着いてからもポールは相変わらず古い牛乳を使おうとしたが、節約しても結局は大量に賞味期限切れになることが分かったので、みな遠慮なく飲むようになった。

そして八月一五日。二度目の事件が発生した。午前八時ころ私がダイニングにいると、イラク人エンジニアのファリスがやってきて、「卵がみんなだめだ。黒いのやら何やら。もう卵じゃなくてチーズとかそういうものを置いてくれ」とうんざりした様子で言った。この日朝食担当だったイラク人料理人のハッサンによると、卵を割るたびに黒いどろどろのものが出てきて、GRS社司令官のロバートは「ポールはどこにいるのだ」と吐き捨てて何も食べずに出て行ったという。ポールは十時半まで寝ているのでこうした状況を全く関知していないのだ。

今回の黒くなっていた卵の賞味期限は八月一三日。七月一日に来た新しい卵だったが、生産年月日は五月一六日で、到着時点で既に賞味期間を半分過ぎていた。しかも、到着後も古い六月七日期限の卵を使い、新しい卵は最初に事件が発生した二〇日まで使わないままに寝かせていたため、結局こちらも殆どが賞味期限を過ぎることになった。

「なぜ同じことがまた起こったのだ」昼食後、マークがキッチンにやってきてポールに詰め寄った。ポールは「インドから来ている卵なので、その分時間がたっている。V社の社長が新しいものを送ってこないからだ。今後は地元の卵を買うようにする」と釈明した。新しい卵が来た時点で古い卵から切り替えていれば、最初の事件は避けられた。しかし、その新しい卵も賞味期限が迫っていたので、二度目の事件は避けようがなかったのも確かだ。

この日以降、ディワニヤの市場から卵を仕入れることになった。インド産よりも大きい茶色の卵である。ポールは「三十個で4・5ドルと聞いているが、食材を運んでくる調達屋は5ドルもとる。一日六十個なので10ドルもかかる。考えてもみろ」と呆れた様子で言った。一カ月300ドルの経費を高いとみるか安いとみるか。イラク人スタッフの中には月給350ドルの者もいたが、彼も「家では地元のものしか使っていない」という。イラク人エンジニアの一人は「たった300ドルでみんな安心して食えるのだろう。何が問題なのかね」と首をかしげていた。

問題の原因は、何千㎞も離れたインドからイラクへ卵を運んでいたことだが、それはひとえに「安く上げるため」だ。ポールが古い卵や牛乳を使うことにこだわり、一日10ドルの出費に顔をしかめたのも、経費を節減するためである。保存のきく食材についてはクウェートから輸送しているが、生鮮野菜や果物は地元で買うしかない。ガスも必要だ。結局、食材調達費用として月々3000～3500ドルかかっていたが、これを社長は不服としており、ポールは「なぜそんなに金を使うのだ、クウェートから送った食材だけを使えば十分だ、といつも怒鳴る」と頭を抱えていた。

利益のために、新鮮さを犠牲にしてでも何千㎞も離れた場所から安い食材をかき集める。それを扱うのも同様に集められた安い労働力だ。グローバル化の象徴といえる経済活動だが、それが人間のためになっているのかどうか。イラク戦争を動かしているのは、人間性よりも収益性を求めるこうしたシステムと欲望である。

イスラム的地産地消社会

イラクの肉はとにかく質がよい。居住区ではディワニヤの市場から仕入れたラム肉を使っていたが、柔らかいうえに適度な弾力があり、かめばかむほど味わい深いうえに、羊肉特有の臭みもなく、イラク人だけでなくネパール人やフィリピン人もこの肉を好んで食べた。

イラクは九〇年のクウェート侵攻から〇三年の米軍侵攻まで国連の経済制裁を受けてきたため、配合飼料などの輸入はできなかった。家畜の飼育は広い草原での放牧で、結果として自然に近いかたちでの質のよい肉が安く生産されていた。近隣諸国でもイラク産の肉は評判がよく、ヨルダンやシリアにも輸出されているという。同様に農薬などの輸入ができないために有機農業が発達したキューバと状況が似ていて、反米国家になるとむしろ人間的な暮らしになる側面もあるのではないかと思う。

居住区内のキッチンで料理の準備をするイラク人スタッフ。2007年８月19日、イラク中南部ディワニヤ

イラクのラム肉を使った料理で人気があったのが「ラムチリフライ」である。骨を取り除いた肉を２㎝角程度に切り、フライパンで炒める。焼き目ができたら、みじん切りにしたニンニクと、２㎝角程度にしたタマネギとトマトを入れて炒めるだけだ。味付けは塩こしょうだけで十分だが、イラク人料理人イーサやハ

ッサンはカレーに使うガラムマサラや醤油なども少々入れていた。全体の量を増やしたい場合は、2㎝角程度に切ったジャガイモを油で軽く揚げて加えるとよい。一般にイラク人は夕食に米のご飯は食べず、チリフライや挽肉を焼いたケバブなどを、小麦粉を薄く焼いたパン「ホブス」と一緒に食す。ご飯は「太る」ということらしい。

間違いなくうまい肉なのだが、これを買わなければならない理由は別にあった。

倉庫には冷凍の牛肉やラム肉、鶏肉、七面鳥があった。クウェートからトラック輸送されて来るもので、産地はブラジルやニュージーランド、米国である。例によって安い物を地球上からかき集めてきたわけだが、客であるWS社のイラク人エンジニアも、我々のスタッフのイラク人も、誰一人これらを食おうとはしなかった。結局、彼らのために、例えばラム肉5kg、二～三食分を35ドル前後で別で買わなければならなかった。イスラム教では体外に流れ出た血を不浄としており、信者が食べてよいのは、神アッラーの名を唱えながらのど仏の下あたりに一気に刃を入れ、完全に血抜きをする特有の方法で処理された肉だけである。ブラジルなどからの肉のパックにも、イスラム圏に輸出するために、そうした方式で処理されたことを示す「ハラール」の文字が印字されている。しかし、イラク人はこれを「ウソだ」と言って信じようとしなかった。

地元の肉に比べて輸入物の血抜きが甘いのは確かだった。牛肉の塊をパックから出す段階で既に血が流れ出し、切っている間もじわじわとにじみ出てきた。一方、地元の肉は、トレーに乗せて一日冷蔵庫に入れておいても、殆ど血は出てこなかった。「ウソだ」というのも分からないでもないほどの違いである。ＷＳ社で働いている大学卒のエンジニア・カリームはシーア派のイスラム教徒で、やはり「血は身体に悪い」との考えで輸入肉は食べようとしない。「輸出するためにハラールと書いているだけで、ブラジルとかそのあたりの国の業者にイスラム教徒なんかいないだろう、とみんな思っている。大事なのは、ちゃんと時間をかけて血抜きをしているかどうか。輸出してくるところなんて、どうせ全自動でどんどん切って袋詰めしているだけだろ。みんな輸入肉についてはそう思っている。クウェートはイスラムの国だからまだ信じられるが、シーア派の高名な法学者の中には、そうした近隣のイスラム教国から来た肉もハラールとして認めない、と言い始めた人もいる」と説明した。

地球の反対側に送り込むために、価格を抑えることに最大の価値を見いだすグローバル化食材が、時間をかけなければできないイスラム式食肉処理の、神への感謝という宗教的精神を内包しているとは思えない、ということだろう。「イスラム式」を称しているかどうかではなく、相手の考え方や生き方を確認できるのは、互いに顔を付き合わせられる程度の範囲である、という考え方は、グローバル化に対抗する地域社会の一つのあり方として面白いと思う。

イラク人スタッフたちは、輸入肉を総じて「米国肉」と呼んでいた。彼らにとって、「米国」

とは価値観の違うものの象徴である。イラク戦争は、これを支える仕組みと精神において、グローバル化社会と地域社会との戦いであるとも言える。米国が受けている抵抗とは、人間のあり方という根本的な部分における異質な価値観によるものなのではないだろうか。イラクの肉のこの忘れられないほどのうまさから、その力強さを感じさせられた気がした。

ちなみにイラク人は、血抜きにこだわることから、肉類を「生」で食すこともない。これも徹底していて、私が日本人なら喜ぶようなジューシーな唐揚げを作ると、「生だ」と言って顔をしかめ、絶対に食べようとしない。彼らの場合、適当な大きさに切った骨付き鶏肉をまずゆでて油抜きをする。この際、塩の他に、ざく切りにしたニンニクとタマネギ、ターメリックの粉末と、黒こしょう、カルダモン、ローレル、クローブ、黒い乾燥レモンを入れて香りをつける。ゆであがったら肉を取り出して冷まし、汁気を取ってから油で素揚げにする。ゆで汁はお湯で薄めてスープになる。この唐揚げがまた、さっぱりとしながらもさわやかな香りがして美味だし、ガラの出汁とスパイスがきいたスープもたまらなくうまい。

イラク式監視社会

しかし、話はそう単純できれいなものでもない。イラク人スタッフたちの血の嫌い方は激しいものがあった。全員が、「血は汚い。沢山ばい菌がいて、食べると病気になる。完全に血抜きをしないと危ないと医者が言っていた」と言って、輸入肉を触ることすら嫌がっていた。料理人のハッサンは、血の混ざった水が跳ねる可能性まで考えて、私が肉を水道で洗おうとすると顔をしかめて後ずさりし、決して近づいては来なかった。私が水道で血を流すことも嫌がって、「血はゴミ箱に捨てろ」と要求もした。英米人やネパール人向けにブラジル産の鶏肉を使う場合、彼らは味見をしないため、「今日のはしょっぱすぎる」などと苦情が来ることもあったが、それは彼らにとって「しかたのないこと」でしかなかった。

私が「イスラム教で血が不浄ということになっているのは分かるが、病気になるなんて言っているのはイスラム教徒だけだろう」と言うと彼らは反論した。ウェイターのサイードによると、イスラム圏のテレビチャンネルで「いかに血が汚いか」という番組があり、ブラジルの食肉工場でイスラム式にさばいていない様子を映像で流し、米国人医師が「血を口にするのは健康に悪いという研究結果が出た」というコメントをしたという。サイードは「そのドクター・ジョンソンが言っていた。イスラム教徒ではない米国のドクターが言っていたのだから、イスラムだからではなく、科学においても血は汚いのだ」と胸を張った。

もし血がばい菌だらけならば、その動物は敗血症で死んでいるだろう。日本のと畜場法では、そうした動物を食肉として解体すること自体が禁じられている。世界にはソーセージなどで血を使った料理もあり、それが健康被害を引き起こしているとは聞いたことがない。「ドクター・ジョンソン」とはどのような研究者なのか、研究結果は西洋医学の世界でどのような評価を受けているのか、といった、コメントの信憑性《しんぴょうせい》を裏付ける情報について彼らに聞いてはみたが、「米国のドクターだ」というだけで、番組に対するそうしたチェックを彼ら自身がしているわけではないようだった。イラクで衛星放送を受信できるようになったのは〇三年のサダム政権崩壊以降で、「いかにイスラムが素晴らしいか」を強調するための布教番組が流されているようだ。

イラク人はよく、「マスコミはウソばかり報道する」と言う。米軍がイラク市民に与えてきた被害や、その反撃を受けている米軍側の被害など、「都合の悪いものは事実を報道しない」という話だ。しかし、「血は身体に悪い」という、彼らの考えるイスラムに合う内容に関しては疑うこともなく受け入れている。批判的に受け止めているというよりも、自分に合うかどうかで判断しているように見える。また、彼らは、自分自身がそれを受け入れるだけでなく、互いに共有し合おうとする。ダイニングでの食事の提供は、我々キッチンスタッフが客の希望する料理を客の持つ皿に盛る方式だ。平均して一カ月に一度は、イラク軍の将校や、GRS社の護送部隊PSDのイラク人メンバーがやってくる。彼らが牛肉のステーキや、私が作ったチンジャオロース風の牛肉料理に興味を示すことがあるが、イラク人キッチンスタッフが必ず、「これは米国肉だ」と聞かれもしないのに断りを入れる。私が「ハラールとラベルに書いてある」と言っても、舌打ちをしてアラビア語で更に色々と説明を加えるスタッフもいる。そうなれば当然、誰もこれを取ろうとはしない。私に気を使って「今日は他のメニューに挑戦してみたいから」と言う客もいた。

親切でやっているつもりのようだが、「これはイスラムに反するものだ」と言われながら、その目の前で取って食べるというのは相当な勇気がいるだろう。イスラム教徒にとって「イスラムに反する」とは、人間として否定されているようなものだ。

八月に、キッチンスタッフの殆どが入れ替わる事態が発生するのだが、その後も残った料理人ハッサンがある日、ニュージーランド産の牛肉を使った料理をなんということもなく自らの皿に取って食べているのに気づいた。スタッフの中でも特に血を嫌っていたハッサンがである。驚いて「それは米国肉だぞ」と言うと、「前に食べなかったのは、色々とうるさい連中がいたからだ。あの連中の前で食べたら、こいつはハラーム（イスラムに反する）な奴だと言われて大変なことになるから」と打ち明けた。事実上の監視を恐れて、周囲の求める「イスラム教徒らしい」ふるまいをあえてしていたということだ。

イスラム教徒がほぼ１００％を占め、一部の地域をイスラム教シーア派民兵が実効支配しているというディワニヤにおいて、政治、社会、経済から家庭のあり方まで説くイスラム教の影響は非常に強いだろう。「これはイスラムに即している」「これはイスラムに反している」と指摘し合う社会で、他人と異なる行動を取ることを避けようとするのも無理はない。

イスラム教スンニ派、シーア派の様々な組織が入り乱れて内戦状態となっているイラクにおいて、その組織が「イスラム」を標榜《ひょうぼう》していることが、イスラム教徒の市民に対して有形無形の圧力となっていることは想像に難くない。酒屋などはことごとく爆破されており、人々は具体的な圧力を見聞きしているのだ。また、そうした状態を生み出しているのも、互いに干渉し合うことを厭わない彼らの「イラク式監視社会」なのではないだろうか。

悪夢

どこかの町の土手の上を走っていた。何のための土手か分からないが、両側の眼下にはコンクリート二~三階建ての建物が無数に立ち並んでいた。背後からはどこかの軍のヘリが追ってきていた。このままではまずい、と土手を駆け下りて、土手下のトンネルに飛び込むと、上空でホバリングしていたヘリがまっすぐ下降してきた。白人の兵士が機関銃をこちらに向けている。もうだめだ、逃げ切れない——。

飛び起きるかのように目覚めたのはそのときだった。コンテナの自分のベッドの上だ。時計を見ると午後三時前。一時間ほど眠っただろうか。この日は珍しく停電にならず、空調が具合よく働いて寝汗はかかずにすんだが、胸のあたりを軽く締め付けるような動悸がしていた。

七月もすぎると仕事にも余裕が出てきて、時間のあるときには昼食後や夕食後に基地建設現場を歩いて隠し撮りをするようになった。まだこの区画には兵士はいなかったが、イラク人労働者はいるし、すぐ隣の区画には士官宿舎があり、どこから見られているか分からない。出歩くことは事実上、見逃されていたが、カメラは持ち込みすら本来は禁じられている。軍事施設を撮影してよいはずがなかった。イラク軍基地は殆ど直撃していないが、周囲ではたびたび戦闘が発生している場所である。見つかればスパイ容疑で拘束されることは間違いないだろう。

短パンの中の股間《こかん》のあたりに隠していたコンパクトカメラを取り出して、短パンのひもを結び直しているかのようなふりをして腰の位置でシャッターを切る。身体の内部が収縮して軽い吐き気がするほどに緊張する瞬間だ。

そこまでして撮影する必要があるのか、と疑問に思う人もいるだろう。実際に発表できるほどの写真にはならないかもしれない。しかし、恐らく二度と来ることのできない場所であり、今後ここで何かがあれば、資料として使える日が来るかもしれない。今回の件を原稿にし、写真を使うにしても、情報を取捨選択するのはそのときであって、現場でではない。記録できるものは全て記録して持ち帰るべきだ。しかし、撮影に限らず、本来の目的を隠し続けながらの生活全般が心身の消耗を招いているのかもしれない。

サウナのようなキッチンでの日々の仕事はなかなかに過酷で、昼食後の一時間あまりの昼寝は非常に重要だった。しかし、居住区内の誰もがコンテナで寝ているこの時間帯は、発電機が負担に耐えられずに止まってしまうことがしばしばだった。室温はあっという間に40度を超え、とても寝ていられる状態ではなくなってしまう。体力と気力をいかに維持していくかが、ここで生き残れるかどうかの鍵だった。

乗っ取り計画

仕事自体は単調に続いていた。朝八時前後からダイニングでイラク人掃除人兄弟と一緒に食事をし、すぐに昼食の準備に入る。全ての料理を自分一人でこなしてしまうために、それだけの時間が必要だった。例えばある日のメニューはビーフストロガノフとチキンカレー、鮭《さけ》のグリル。牛肉の塊を一口大の短冊状に切り、一羽丸ごとの鶏肉を三羽分、モモ、ムネ、手羽などに分解し、鮭の半身の切り身を一人前ずつに切り分ける。タマネギやニンニクなどを必要なだけ刻んでおく。

忙しいのは昼食開店の一時間ほど前からだ。シチューとカレーの鍋はキッチンの同じ場所に三口あるコンロを使うので同時に見ることができるが、鮭を焼く電気グリルはダイニングにある。キッチンとダイニングを繋ぐ扉は部屋の端の一カ所だけで、コンロとグリルはその対角線上の角にある。キッチンの端から端、ダイニングの端から端へと十～二十秒おきに行き来して、鍋を焦がさないよう、鮭を焼きすぎないように注意しなければならない。場合によってはスパゲティのソース作りも同時に行う場合もあって忙しさが増す。

どのイラク人スタッフよりも格段に忙しいし、十時半まで寝ていて十一時すぎにようやく出てくるポールのすることは殆ど残っていない。狙いはそこである。料理人としての経験がない私は当初、料理中に焦がしたり、指を切ったりと失敗を繰り返していた。料理人としての価値は殆どなかったと言っていいだろう。しかし、独自のメニューはできなくても、ポールの設定したメニューを自分でこなしてしまえば十分な戦力になる。料理人として不十分でも、優秀な労働者になってしまえばよい。そうしている間に料理も身についてくるから、そのうち私さえいればこのキッチンは回転していくようになる。

第二章で触れたが、私の属するV社の業務は給食だけでなく、掃除や配電、施設のメンテナンスなど、居住区の管理全般である。イラク人スタッフの人事も管理しなければならない。アシスタントシェフである私は、それらの業務については殆ど何も知らなかった。給食にしても、把握しているのは料理そのものだけで、地元市場からどのように野菜や肉を仕入れ、どれだけコストがかかっているのか、予算は月々いくら、どのようなかたちで送られてくるのか、WS社、GRS社との折衝をどう行っているのかといった運営に関わる部分は殆ど知らなかった。

せっかくイラクにまで来て働いているのだから、運営の仕組みにまで踏み込みたい。そのためには、例えば現地統括者であるシェフの座にいるポールが休暇でインドに帰る際に、新たな代理の人間を招くのではなく、私が全てを取り仕切ってしまえればよい。それが十分できるという認識をポールはじめスタッフ全員にすり込ませておかなければならないし、そのために自分を鍛えておく必要もあった。

七月にもなると、日中の気温は50度にもなる。居住区の発電機はフル回転しているが、午前十一時ころから午後四時ころまでの間は止まってしまうことが多くなった。火を使うキッチンの中はサウナ状態である。滝のように汗を流しながら幾つものメニューをこなしていくのは過酷な作業だったが、いずれこのシェフの地位を乗っ取る、という目標がはっきりしたことで、この時間は何も考えずに作業に没頭できるようになった。

大脱走

八月一一日、八人いるイラク人キッチンスタッフのうち六人が一度に辞めていった。バグダッドから泊まりで来ていた従兄弟同士のサイード、イサームがまず去り、それを見たディワニヤからの泊まり組の三兄弟ともう一人のスタッフも逃げ出すように出て行った。バグダッド組とディワニヤ組は、仕事中にキッチンやダイニングでとっくみあい寸前のけんかを繰り返し、GRS社側もうすうす気づいていて問題になりかけていた。

最初に辞める決意をしたバグダッド組に言わせれば「奴らは仕事もしないで座りっぱなし。人の悪口ばかり言っていて、あまりにひどいので注意すると、俺たちは（イスラム教シーア派民兵の）マフディ軍だ。いつも外で銃を撃ちまくっている。お前らが休暇でバグダッドに帰る途中に仲間に頼んで殺して貰うぞ、と脅す。怖くてこんなところで働けない」という話らしい。市内から通ってきている掃除人ハムザによれば「あんなの冗談。いつもサイードが突っかかっているだけ」ということになる。しかし、バグダッドに本拠地を置くマフディ軍は、スンニ派との抗争で多数のイラク人を殺しており、それを知っているバグダッドの二人には冗談には聞こえなかっただろう。しかも、後で分かったことだが、イナームはスンニ派だった。

ディワニヤ組はバグダッド組がこの日に去ることは当日まで知らされておらず、突然の事態に困惑している様子だった。四人はダイニングの隅のテーブルを囲んで何やら謀議をしていたが、私はそのまま昼食の準備に入ったので気にしていなかった。

ところが十時半ころになって「みんなが出て行く」と料理人ハッサンが言いに来た。いつまでたってもキッチンに来ないと思っていたら、四人は既に着替えて彼らのコンテナから出てくるところだった。何事かと聞くと、「毎月給料が十日とか十二日とか遅れてもううんざりだ。一カ月分先にくれるなら働いてもいいが、どうせくれないからもう辞める。ポールはいつも知らない、知らないというだけだ。インド人はアラブ人が嫌いなんだろう。信用できない」と三兄弟の一人が興奮気味に言った。

イラク人の給料は本来なら月末に払われるはずが、毎回一〜二週間は遅れており、私が着任する前に二度、イラク人全員が労働を拒否するストを打ったという。食材の調達も料理もできず、居住区の全員が戦闘糧食を食うことになり、WS社が抗議のメールを送ったためにV社の社長は慌てて送金してきたらしいが、その後も状況は変わらなかった。イラク人たちは月々の支払いをしなければならない家族のために、遅くとも毎月の初旬に回ってくる休暇には給料を持って帰りたいのだが、それができないことが毎月深刻な問題になっていた。

十一時前になってやっと起きてきたTシャツ短パン姿のポールが「なんだなんだ。どこへいくのだ。せめて新しい代わりの人間が来てからにしろ」と言ったが、給料が来ないから嫌だ、という連中にそのような話をしても通じるわけもない。私が彼らに「なんなら、今月分を俺の金で立て替えておいてもいいから、せめて明日まで残れ。去ってしまうのなら今夜色々話そう」と言ったが彼らの決意は変わらず、彼らのカメラ付き携帯で四人と私とで記念撮影をし、電話番号を交換して別れとなった。

この日は急きょ掃除人をキッチン仕事に回し、WS社のイラク人エンジニアにも協力を頼んで人を集めることになった。民兵が入りこむことを恐れるGRS社は人の入れ替えが激しいのは好まず、ポールは厳しくお灸《きゅう》を据えられたという。

ディワニヤ組の四人が慌てて去っていったのは、建設事業が残り二カ月で終わるとの噂が流れ始めていたからだ。毎月給料が遅れるので、最後の月の末に居住区がなくなるとすると、最後の給料を受け取れないことになる。その前の月の分も、二週間、三週間と引き延ばしているうちに結局払わないですまそうとするだろう、という憶測をしたらしい。バグダッド組が去ったのは自分たちがしてきたけんかが原因ではなく、いち早くこの問題に気づいて逃げ出したのだと考え、乗り遅れないうちに自分たちも抜け出そうという結論になったようだ。

イラク人エンジニアからこの話を聞いたというポールは「そういうことには頭が働くのだな」と呆れ顔だったが、後に、この憶測が現実味を帯びた問題としてこの居住区の中を渦巻くようになる。

第四章　戦火の中で

奴隷労働

「イラク人の給料は来るが、お前の分は遅れるらしい。金がないと言っている」

話はさかのぼって、着任からちょうど二カ月がたった七月五日、ポールが私に言った。六月分の給料が払われるはずの時期だ。私がV社と契約を結んだのは四月一一日だが、七月に入っても1ドルも給料が来ていない。未払い額は計約3000ドルになっている。居住区から出ることもできず、休みなしで働いて給料は出ない。これではまるで奴隷である。

「私の給料は二カ月分遅配されている。お前が来る前にいたインド人アシスタントは、攻撃が怖いだけでなく、給料未払いの問題もあって帰ったのだ」

五月に私が着任した直後、ポールから既にこう聞いていた。戦場労働者の実態を体験するためにイラク入りした私としては、こうした事態に出会えるとは、なんという幸運か、と思ったが、取材経費の回収の当てにもしていたので複雑な心境でもあった。滞在中も現金は必要だ。シャンプーや石鹼などの生活必需品は、キャンプエコーに行くGRS社のネパール人警備員に頼んで買ってきて貰っていた。GRS社の場合はこうした生活必需品を買う費用として月100ドルが別途支給されるというが、給料すら払わないV社においては労働者の自前だった。

七月四日にポールに届いた社長からのメールを見せて貰うと、「一・五カ月分の給料を、クウェートにいる弟の口座に振り込んだ。ジュンペイの分はイラク人の分と一緒に送る」と書いてあった。ポールは、クウェートで働いている弟の口座に自分の給料を振り込むように社長に求めていた。六月分を合わせて四カ月分の給料が未払いで、弟が何度も催促の電話を社長に入れていたという。

翌日には、5700ドルが送金されたことを示す送金業者のレシートの画像がメールで来たが、私は約3000ドルを受け取る権利があるので、十分でないことは確かだ。ディワニヤ市内にはクウェートにある送金業者と提携している業者がないといい、社長は、約120㎞南東にあるより大きな都市のナシリアの業者に送金している。ポールは基地から出られないので、WS社のイラク人エンジニア・通称ボブが社長に依頼されて、ナシリアにある実家への往復のついでに受け取ってきていた。

直前の七月二日深夜に大規模な攻撃があったことは既に書いた。この後も数日に一度は迫撃砲の飛来音や着弾音が響き、ダイニングの天井のプラスチック製電気カバーが朝食中の客の目の前に落ちることもあった。バグダッドからの移動の様子も既に紹介したが、その間が最も死者が出やすい。途中で戦闘があったために引き返した件も触れた。無事にたどり着いたのはたまたまだった、と言うこともできる。そうした状況の中で一日も休まずに働いても一銭も報酬が支払われないのだ。

ニューヨーク・タイムズ（〇七年五月一九日）によれば、この時期、約十五万人の米兵に対し、イラクも含めた三十六カ国以上から集まった労働者約十二万六千人が米国防総省関連の労働に従事していた。開戦から同日までの民間人労働者の死者数は最低九百十七人で、一万二千人以上が負傷したという。これはあくまで分かっている範囲の数字である。イラク労働の報酬が、隣国のクウェートや経済発展著しいドバイよりもはるかに高額に設定されているのは、それだけの危険を伴うからだ。しかし、そうして命の危険と引き替えに金で誘っておきながら、その金すら払わないというのは〝悪魔の所行〟ではないか。命を賭けて戦場に来た人々が、自分が奴隷なのだと知ったときの衝撃はいかほどだろうか。

取材に来た私としては、あちらが先に契約を破るならばこちらは気兼ねなく書ける、とむしろ気楽になる反面、既に正体がばれているのではないかという不安も感じ始めていた。当初料理が十分にできなかったことなどを名目に払わないつもりだとすると、後に未払いをネタに批判したとしても、「仕事ができなかったからだ」と言い訳をされてしまうかもしれない。しかし、へたにつつけばやぶ蛇になる恐れもある。思案のしどころだった。

ＢＢＣなどによると、〇五年五月、バグダッド近郊のタジにある米軍基地キャンプクックで、約三百人のフィリピン人労働者がプライム・プロジェクト・インターナショナル（ＰＰＩ）社とＫＢＲ社に対してストライキを行い、給料の遅配、超過労働、劣悪な食事、空調のない居住施設などについて抗議をしたといい、更に計五百人のインド人、スリランカ人、ネパール人も参加する騒ぎに発展した。フィリピン外務省の仲介で収まったが、ＫＢＲ社は国防総省のイラク事業で最大の請負業者であり、表に出ていないこうしたケースが他にも存在するのではないかと思われる。イラク戦争は少なからず、こうした奴隷労働に支えられているわけだ。

銃を突きつけられる

八月六日午後十一時半ころ、部屋のベッドで休んでいると、突然ドアが開いて完全武装のネパール人警備員が自動小銃ＡＫ47を携えて入ってきた。

「荷物をまとめて出ろ」警備員を従えたＧＲＳ社のネパール人監督ロケンドラが有無を言わさぬ口調で言った。その後ろには同室のインド人ポールがすました顔をして立っていた。

この日の昼――。「金は来たがお前の分は来なかった」ポールが毎月の恒例のように言った。「今回来た８０００ドルのうちの５７００ドルはイラク人スタッフ用。ほかは食材調達屋用だ。だからお前の分は残らない」という話だった。依然として私の給料は１ドルとて来ていなかった。未払いは計4200ドルになっていた。

いずれ社長を糾弾するにしても、給料を送っていなかったという証拠がいる。給料はここで手渡しなので、クウェートにいるV社の社長と領収書などを取り交わすことはできない。第三者機関に記録が残る振り込みと違い、証拠が残らない。後になって、金は既に送った、と社長が言い出す可能性がある。これまで送った金は全てイラク人向けであると社長が言ったか、もしくはメールに書いたかの証言・証拠が必要だ。ポールにそのあたりを聞いておかなければならないと思ったのだが、これが事の発端となった。

「5700ドルがイラク人だけの分で俺の分ではない、というのは、社長がイラク人向けとかそういう金の用途を書いてくるということか?」

「これはイラク人の分だ。お前のじゃない」

「社長がそう言っているのか?」「何も言ってこないし、書いてもこないが、お前のじゃない」

「社長が、これはイラク人の分だ、と言っていないならば、それがイラク人だけのものだとどう見分けているのか」「イラク人の分だけだ」「社長がそう言っていないのに、なぜそうと分かるのか。自分でそう決めているのか」「イラク人の分だけだ。私がここに来たときからイラク人の分しか送ってこなかった」

そのころはイラク人しか居住区で受け取らなかったのだから当たり前である。延々とこの繰り返しで、互いにいらだって声が荒立ち、全くかみ合わないままだった。結局、WS社のイラク人エンジニア・通称ボブの部屋へ行って事情を話し、V社の社長に私の給料についてたずねるメールをボブが送っていったん収束した。ボブは、V社の依頼で、送金されてきた現金を居住区に持ってくる役割をしており、経過はある程度把握していた。午後九時前の話だ。

ポールが武装警備員を使って私を追い出しにかかったのは、この話は終わったと思って、ベッドの上で休んでいたときのことだった。既に二時間以上たっていた。イラク人のキッチンスタッフ・サイードを連れてきていて、ロケンドラは「彼らの部屋へ行け」と言った。彼らの部屋とは、この部屋と同程度の広さに四人以上で寝る雑居部屋である。

私は「質問しただけのことで、なぜ出なければならないのだ」とロケンドラにたずねたが、ポールが「お前は俺を信じていればいいんだ。何の質問も受け付けない。どうせお前はろくなことを言わないから、何も話はしない！」とろれつの回らない声で叫んで割り込んだ。話にならない状態なので、自分の荷物をまとめ、雑居部屋へ移動した。夜のこの時間に突然部屋を追い出されたのである。イラク人らは私を気遣ってすぐにベッドを用意してくれた。日ごろはわがまま勝手な彼らも、こうしたときには気恥ずかしいほどの同情を見せてくれる。彼らの周りでは今、銃を使って脅されるような出来事は日常茶飯事である。そうした環境にあるからこそ持つ人間的な一面だろうか。

一緒に来たロケンドラはすぐに去ったが、武装して身構えていたネパール人パダムは部屋の入り口に立って、顔をしかめてこちらを見ていた。そして低い声で言った。「夜の十一時に部屋を出ろだなんてひどすぎる。これはおかしい。気づかなかったか？　あいつら酒臭かったぞ」

司令官の裁き

「ここで争うな。もしトラブルを起こしたら逮捕してキャンプエコーの刑務所に送る」

翌八月七日の夕食営業後、ＧＲＳ社の英国人司令官ロバートとネパール人監督ロケンドラがダイニングに来て、私に通告した。横のテーブルではポールがすました顔をして座っている。私をイラク人雑居部屋に追放したことは周知のことであり、彼らは先手を打って報告したようだ。こちらに問題があるということになっているのは当然だ。

前の晩のうちに私が司令官らに通報していれば状況は違っただろう。ロケンドラに命じられて武装して私の部屋に来たネパール人警備員パダムは、ロケンドラらが去った後に「酒に酔って命令するなど、許されることではない。司令官に言えば確実に追放だが、どうする？　言うなら今しかないぞ」と私に提案した。彼らと一緒に私の部屋に来たイラク人サイードも「あいつらすごく酒臭かった」と断言しており、私自身も、ポールしか使用しないゴミ箱にビールの空き缶があるのを見つけていた。彼の酩酊《めいてい》状態を考えても酒を飲んでいたことは確実で、その状態のうちに司令官に引き渡せば、少なくともロケンドラの処分は免れなかっただろう。

しかし、取材に来ている私としては、自分自身に関わることで処分者を出すのは避けたいと思い、見送った。ＰＭＣがどのように処分をするのかを見たい気持ちもあったが、同時にこちらの身元を調べられれば面倒なことになる。

ロバートは、我々の給料未払い問題に関心を示さなかった。ＧＲＳ社はＷＳ社に雇われて警備をしているだけで、我々のＶ社とは契約関係にはない。あったとしても、こちらの内情には関与しないだろう。戦場とはいえ、そうした部分は完全に一般社会と同じだ。

しかし、周囲が戦闘状態にあるようなこうした場所に、不満を募らせている人間を放置していてよいのだろうか。給料未払いならば契約不履行であり、雇用主Ｖ社の命令を聞く必要はない。私が契約しているのはＶ社だけで、ＷＳ社もＧＲＳ社も私に何かを命じることはできない。両社はＶ社に苦情を申し立てることはできるが、Ｖ社は私に対して何もすることができない。こうした誰も命令することのできない人間がいるのは、安全管理上問題ないのだろうか。

訴え出る場所もないのだから、自力で何とかするしかない。給料が来ないのだから帰るための費用も自分で稼ぐしかない。ＷＳ社の事務所には「ここにあるものを持ち出した者には、武器を持って対処する」との警告文が貼られている。基地建設現場は機密情報の宝庫だからだ。

しかし、隙を見て複写して持ち出すことは不可能ではなく、どこかへ売り払えば多少の金にはなるだろう。GRS社の警備体制も、持っている武器も知っているので、これもいくらかの金を生むかもしれない。もちろん、契約で縛れなくても武力で従わせればよい、ということでGRS社がいるわけだが、何もしなければ奴隷状態のままなのだから、と開き直ってしまえば何でもできるだろう。

イラクが混乱しているのは、生活が改善されないことで自暴自棄になった人々が無数にいるからだ。米軍はこれを武力で抑えつけようとして、ますます強い反発を受けてきた。柔軟に対応できない硬直化した体制が、占領の「失敗」に繋がったのではないか。

給料未払いに興味を示さなかったロバートだが、イラク人部屋に住まわせることには問題を感じたようで、「WS社に話して別の個人部屋を用意する」と私に言った。彼らは、イラク軍に銃口を向けて機関銃を備えているように、イラク人全般を信用していない。ネパール人たちも口々に「イラク人には絶対に心を許すなよ」と私に言った。居住区にも民兵に繋がりのある人間が入りこんでいることを想定しているからだ。また、英国人コマンダー・マークらの部屋から様々な身の回り品が紛失しており、居住区から持ち去れるイラク人たちが疑われていた。イラク人の雑居部屋に寝泊まりするなど、PMC側の感覚では考えられないことだ。ポールもロケンドラも同様の認識を持っていながら、それでもそこへ私を追いやったのである。

私は、イラク人と同部屋のほうが有意義なのでこの申し出は断った。彼らは私に同情してくれていて、「給料来てないなら気にするな」と言って昼食時に一人一本とされている缶ジュースを二本持ってきてくれ、「銃で脅すなんて民兵と同じだ。ポール殴りに行こうぜ。夜はマフディ軍に頼んで迫撃砲撃ち込んでやるよ」と冗談を言うなどして気遣ってくれた。

八月二七日、現金を送ったというレシートの画像が社長から届いた。通信欄に"jumpei salary"とあり、明確に私の給料だった。今回の件を社長にメールで知らせたところ、驚いた様子で「すぐに送る」という返事を貰っていた。三一日、１５７０ドルを受け取った。これで残りの未払いは約２３６０ドルだ。

先の見えない日々

九月一日、いつものように晴れ。朝起きるのが辛い。視界に入るのはベージュ色の砂と灰色の砂利、突き刺すような日の光と、それを反射して側面から光を焼き付けてくる無機質で薄汚れた白いコンテナの壁だけ。配水管の周辺にできた黒く濁った水たまりの周辺にわずかな雑草が生えているのが唯一目に入る緑の色だが、夕方をすぎるとこのあたりから大量の蚊がわいてきて、屋外にいるのは不快だった。かといってコンテナの中も無機質さでは大差ない。狭い空間の中で、毎日同じ作業を繰り返し、ただ寝るだけの日々。寝たと思っても爆音と激しい揺れでたたき起こされる。いくら目的を持って働いていても、同じ日々を何カ月も繰り返すのは苦痛だ。ただ働き続けて食って寝る、というだけでは殆ど牢獄《ろうごく》の中のようなものではないか。

着任してまもなく四カ月。見聞きするもの全てを記録するつもりでいるが、その集中力を保ち続けるのはきつい作業だった。あっという間に過ぎていく一日を、怠惰な何かをしてでも自分の時間を持たないと終われないような気分になる。昨夜は、不具合が多くなった携帯端末をいじっているうちに午前二時になった。今日もまた同じ一日、と思うと気が滅入る。我慢強いはずのネパール人たちも、「なんでここの暮らしはこんなに退屈なのか」といらだたしげに言うことがあった。流れ弾やその破片に当たる恐れよりも、正常な精神状態を維持し続けることの方が重要な課題だった。

午前八時すぎ、「大脱走」事件以降、掃除人からキッチンスタッフとなったイラク人ナセルが、ダイニングで朝食をとりながら深くため息をつき、「金がないから嫁と三歳の娘を病院に連れて行けない。嫁があまりにカネ、カネというからひっぱたいちゃった」と沈んだ声で言った。家から病院までタクシーで往復して4ドル、診療代と薬代で10ドルかかるという。掃除人時代から昇給して彼の月給は350ドルだが、「両親にも渡しているから少しも残っていない。ポールに前借りを頼んだがだめだった。今日は早めに帰って、友達に貸してくれるよう頼んでみる」と力なくつぶやいた。

ナセルは四人兄弟の次男で、他に姉二人、妹二人がいる。両親と次女、三男ムハンマド夫婦、四男ハムザ、三女、四女にナセル夫婦と彼らの娘の計十一人で一つの家に暮らしている。サダム・フセイン政権時代の九五年、長女は反サダム派の夫とともに歩いて西の隣国ヨルダンに脱出し、米国に亡命した。その後、デトロイト市内でイラク食堂を営んでいる。九一年の湾岸戦争でイラク軍が多国籍軍に敗北した直後、イラク中南部で反サダムの闘争が起こり、ディワニヤでは初期の段階から火の手が上がった。しかし闘争が失敗に終わると、サダム政権は厳しい処罰を行い、市内の数百人の男性や少年を拘束し、多くを処刑したとされる。それでも反骨精神を失うことなく、現イラク政権に対しても反抗している。

長女夫婦は子どもが五人おり、パイロットや医学生になっているという。毎月1000ドルを実家に送ってくるが、大家族のため「足らない」とナセル。私が「カネ、カネ言うなら嫁も働けばいいではないか」と言うと、「とんでもない。男が外で働き、女は家事をやるものだ。男は絶対に家事をやっちゃいけない」と驚いた顔で否定した。実際、ナセルは包丁を殆ど握ったことがないらしく、あまりにも手つきがおぼつかないばかりか、掃除人からキッチンスタッフに異動になって一カ月がたっても殆ど何も作業を覚えようとしなかった。妻は第二子を妊娠中。「カネがないのになぜまたつくるのだ」と私が言うと、「そういうことを言うのはハラーム（イスラムに反する行為）だ。神様は子どもをつくりなさいと言っているのだ」と言い返した。

昼食調理中の午前十時半ころ、「ダン」という大きな音とともにキッチンのあるコンテナが突き上げられるように揺れた。スタッフたちと一斉に外に出て周囲を見渡すと、北東の方向から黒煙が上がっているのが見えた。「自動車爆弾だろう」と彼らは言ったが、「てっきりアベドがすべって転んだ音かと思ったよ」と私が冗談にしてみんなで笑った。アベドは「大脱走」事件後にやってきた新人で、このときは洗剤をまいてダイニングの床を磨いていた。

激化する抗争

九月二日、ナセルによると「市内では警察と施設警備サービス（FPS）がにらみ合って街中が封鎖されている。FPSは六カ月間給料が出ていない」という。FPSはイラク内務省に属し、学校や病院、発電所などの政府関連施設を警備する十数万人規模の公的武装組織だが、軍隊ではなく、明確な指揮系統がないとも言われている。イラクではこのように、軍、警察、FPSに民兵など公私様々な武装組織が存在し、対立し合っている。

九月三日、GRS社の護送部隊PSDが来た。WS社のスタッフの送り迎えである。私には、特別に注文を受け付けてくれた缶ビール一ケースと、スコッチウィスキーのジョニーウオーカー・グリーンラベルが一本届いた。計約120ドル。給料が初めて届いたお祝いという名目にしたが、貴重な現金を浪費してしまった。

九月六日午後三時ころ、多国籍軍基地キャンプエコー方向から比較的小さい音で爆音が聞こえ、サイレンもなり始めた。音の大きさから推測すると、エコーの向こう側の市街地から聞こえたようだった。料理人ハッサンによると「今、イラク人スタッフはみんな前より怖がっている」という。市内は緊張度を増しているようだ。イスラム教シーア派のムクタダ・サドル師を支持する民兵組織マフディ軍が八月に、対立していた同教スンニ派勢力や米軍に対する六カ月間の停戦宣言を出し、これ以降、国内全体のイラク人や米兵の死者数が激減していった。石油利権の適切な分配や、電気、水道、教育制度の整備、治安の回復、十八カ月以内の多国籍軍の撤退開始などを求め、成果が挙がらなければ政権の交代を要求し、応じなければ武力によって追い落とす、との内容だ。

しかし、ディワニヤではその後も戦闘が続いていた。マフディ軍と、SIICのバドル旅団の抗争である。バドル旅団は特に中南部のイラク軍や警察を掌握しており、これら「イラク治安部隊」、これを支援する多国籍軍と、マフディ軍の間の戦闘が繰り広げられていた。

サドル師の支持者は、サダム政権時代もイラクにとどまっていた人々だ。ムクタダの父親は高名なイスラム法学者だったが、サダムに処刑されている。元イラク兵の新人アベドは「ムクタダ自身は小物だが、父の名前と、イラクにずっといたイラク人だ、ということだけで人気があるのだ」と評した。これに対し、SIICのメンバーは多くがイランに亡命して長年滞在し、サダム政権崩壊後に舞い戻った。シーア派住民の間でも「今の政府はイランみたいなものだ」と言う人は少なくないが、それは、政府の中核をなすＳＩＩＣ、マリキ首相のダアワ党ともに、亡命先だったイランとのパイプが太い人物が中枢に多いからだ。

八月一二日午後一時ころ、ディワニヤのハリル・ジャリル・ハムザ市長と警察署長が路肩爆弾で殺害される事件が起こった。イラク人スタッフや当時の現地の報道によると、市内では、バドル旅団とマフディ軍との間で戦闘が広がったという。ハリル市長はＳＩＩＣの主要メンバーで、やはり長年イランに住んでいた。彼が市長就任後も電気、水道の整備や雇用拡大が進まず、住民の間に不満が広がっていた。この事件以降、ディワニヤでは報復合戦が続いている。

イラク人のイランに対する不信感の背景に、八年間続いたイラン・イラク戦争がある。サダム政権崩壊後、当時のパイロットなどイラン攻撃に関わった元軍人らが何者かに暗殺される事件が相次ぐなど、双方に残った禍根は新たな憎悪を生み出している。政治や経済において深まりつつあるイランの影響力を、イランの国教と同じイスラム教シーア派の住民も警戒しているようだ。料理人ハッサンによると、ディワニヤ市内のあちこちの壁に「イランの秘密警察に気を付けろ」といった落書きがされているという。

そうした感情を吸い取っているのがマフディ軍だ。ナセルは「ディワニヤでは子どもも、マフディ、マフディと言って遊んでいる。米軍も（ＳＩＩＣを率いる）ハキームもマフディが悪いと言って攻撃してくるが、それでもマフディは強いのだ」とうれしそうに語った。

九月一八日午前零時半ころ、ヘリがコンテナのすぐ真上を低空で飛び交い始めた。外に出て眺めていると、西の空の空中から斜め45度下へ向かって光が飛び、三秒弱ほど後に機関砲を連射する音が聞こえてきた。基地の西約1㎞付近を南北に走る高速道路が通っており、その周辺が現場のようだ。横にやってきたネパール人デーブが「ヘリから射撃して着弾している音だろう。ヘリにはパイロットの他に三人乗っていて、左右に向けた機関砲に一人ずつ、もう一人は射撃の指示をしている。ナイトスコープで見ているので、真っ暗だがネコが歩いているのも見えているはずだ。何かの疑いがあって撃っているのだろうな」と解説してくれた。本格的な掃討作戦が行われているようだ。

サダムはすばらしかった

「サダム、ビューティフル」九月二〇日の朝食中、掃除人のイラク人ハムザがつぶやいた。私が驚いて見つめると「サダムが戻ってくれば一日でイラクは静かになる。テレビで五分しゃべっただけで十分。みんな怖がって静かになる」と言った。ハムザはイラクの人口の六割を占めるイスラム教シーア派の信者。イスラム教シーア派住民はサダムに弾圧されていたと言われていた。サダム政権崩壊後、イラク政府の中核をなしているのもシーア派政党である。

「大脱走」事件で去ったバグダッド出身のサイードは「以前はトルコ国境からペルシャ湾岸まで全て一つのイラクだった。サダムは多くのイラク人を殺したが、サダムの悪口さえ言わなければ穏やかに暮らすことができた。しかし今では、三百のサダムがいてイラクは分裂してしまった。以前はサダム一人にさえ気をつけていればよかったが、今では誰を批判しても支持しても別の誰かから襲われる。とても対処しきれない」とうんざりした様子で話していた。

エンジニアで五五歳のファリスは「以前は、サダムは悪い奴だと思っていたが、今となっては賢くて強い男だったと思う。以前は午後九時にバグダッドを車で出て、夜中に走り続けて南部のバスラに着いても問題なかったが、今では午後一時をすぎればもう危険だ。女性はスカーフをかぶらなければならず、目を出しているだけ。近隣のイスラム国家はそうだが、イラクはそんな国ではなかった。何が自由になったのか」と嘆いていた。彼はビールが大好きなのだが、飲める場所はなくなった。私が差し入れると大喜びしたものだ。

料理補助の新人アベドは「前はサダムだけがボスだったが、今はみんなが、俺がボスだ俺がボスだと言ってぐちゃぐちゃになっている。前はそんなこと言ったら殺されたんだ。イラク人、米軍が来て最初はよかったと思ったが、その後もっとひどくなったことを知って、サダムがよかったと思うようになった。サダムのころも悪かったが、今はもっともっと悪い。イラク人は何も分かってなかったんだ」と話した。彼は元イラク軍の兵士。米軍侵攻時も兵士だったが、

「給料がたったの2ドルで、しかも自動小銃ＡＫ47と数十発の銃弾だけを渡されて戦車やヘリと戦えと言うので、馬鹿馬鹿しくて逃げた」という。決してサダム支持者だったわけではない。〇三年、シーア派の住民の多くが米軍を歓迎した。サダム政権崩壊をバグダッドの現場で見ていた私の実感だ。しかし、今ではそのシーア派の住民の間にも、サダム・フセインの復活を願う声が広がっているという。彼の統治能力への再評価がされているのだ。米国もその後のイラク政府も、様々な人々の利害や対立要素が渦巻くイラクを治められないでいるからだ。混乱の続く現状に人々は疲れ果て、かつてのまだ穏やかだった時代をただ懐かしむ。そうした無力感が漂っているようだった。

脅迫状

九月二三日、掃除人兄弟の家に脅迫状が届いた。

朝、末の妹が玄関前を掃除していて、文字の書かれたＢ６判ほどの大きさの白い紙に銃弾一つが包まれているのを見つけたという。紙の真ん中には、銃弾が突き抜けたかのように見せた丸い穴が開けてあり、居住区で働いているファザー、ナセル、ムハンマド、ハムザの兄弟の名を年齢順に並べ、「米軍基地でこれ以上働くならば殺す」と書かれていた。この日、出勤していたハムザとムハンマドは家族から連絡を受けて昼食もとらずに帰っていった。

九月二四日、「覆面をして遠回りをして、タクシーに乗って来た」というナセルは、「マフディ軍の司令官に会いに行って脅迫状の話をしたが、知らないと言われた。でもマフディのしわざだよ。ここはキャンプエコーと繋がっているし、イラク軍はポーランド軍や米軍と一緒に動いているから、マフディにとっては一緒。マフディは上の人たちは立派だけど、よくない下っ端が多くてこういうことをするんだ」と顔をしかめて言った。ナセルたちの兄であるファザーは以前、キャンプエコーで掃除の仕事をしていたが、やはり脅迫されて辞めたという。そして、七月ころからこちらの基地に通い始めていた。

混乱の続くイラクでは仕事がなく、職にありつこうと思えば米軍基地ででも働くしかない。米軍を支持しているわけではなくても、彼らを業務で支え、依存しなければ生活が成り立たない。これを占領状態というのだろう。基地内の掃除や通訳などで、十万人以上のイラク人が米国関連の業務についているが、「米国の協力者」として民兵に襲われる事件が絶えず、WS社のイラク人エンジニアたちは「危険なので、米国企業で働いていることは家族にすら言っていない」と話していた。私が着任する前にここで洗濯の仕事をしていた一八歳の少年は、市内で何者かに撃たれて死亡したという。イラク人スタッフたちの中には「居住区で携帯のカメラで撮った写真を見られて、ここで働いていることがばれたからだ」と言って、写真に撮られることを拒む者もいた。

九月二五日、ナセル、ハムザが出勤してきた。ナセルは「ファザーは銃を持って夜の見張りをしているし、ムハンマドは手榴弾二つを懐に入れて待機しているからここへは来ない。昨日、今日と母が、危ないからもうここで働くな、と言ったが、ハムザは、友だちもいるし、ここで働くのが好きだ、と泣いた。まだ子どもだから。今朝は、母には行かないと言っておいて、母がまた寝たのを見計らって出てきた」と話した。

九月二六日、イラク人スタッフらが「ゆうべ、米軍が民家四軒を爆撃して破壊し、民兵でもない女性や赤ん坊など七人が死んだらしい。ディワニヤではみんな、なんでこんなところを、と怒っている」と話していた。午後八時ころ、こもったような炸裂音が8発、キャンプエコーから響いてきた。多連装ロケットランチャー・カチューシャの着弾音らしい。イラクの通信社「イラクの声」は翌日付で、「マフディ軍が停戦宣言を出して以来、（キャンプエコーへの）初めての攻撃ではないか」とこれを報じている。

九月二七日、昼食営業後、料理補助アベドの携帯電話がなり、「アベド、ファザー、ナセル、ムハンマド、ハムザ。今日辞めないなら家を爆破する」と匿名の男が脅迫してきたという。アベドは休暇から戻ったばかりで宿泊するはずだったが、夕食営業中に帰宅した。

九月二八日、ナセル、アベドが出勤してきた。彼らは家が近所だ。アベドは昨夜午前一～三時、銃を持って周囲を見張り、三時からは兄が担当したという。「今日は遠回りして市場を経由してきた。朝はみんな仕事に行くから、人がいっぱいいるので俺たちがどこへ行くのかは分からないだろうが、夜に家にいないのはまずい。米軍基地で働いていたという人が誘拐されてバラバラにされ、釜《かま》でゆでられて家の前にぶちまけられたという事件がディワニヤでも起きている」という事情を語った。

午後十一時四十分ころ、部屋でイラク人らがテレビゲームをしているところへ再びアベドの携帯がなった。みな押し黙って顔を見合わせた。「民兵だ」とアベドが言って電話に出ずに切ったが、十分後に再びなり、また切った。アベドは顔をしかめ、ベッドに座ったまま足を小刻みに動かしている。部屋は重苦しい空気に包まれた。

しばらくして他のイラク人がゲームに戻ったところで私はアベドを誘い出し、コンテナの裏で一緒にビールを飲んだ。世俗国家だったサダム時代はイラク製ビールがあったほどで、アルコール好きのイラク人は多い。「心配なのは二人の子ども。二人が死ぬようなら俺も死ぬ。イラク軍が悪いんだ。俺の顔を知っているくせに、朝タクシーで基地に来ると、どこで働くのだ、とか聞いてきてWS社だといちいち答えなくちゃならない。それでタクシー運転手にばれて民兵に伝わる。イラク軍にも民兵が沢山紛れ込んでいるし。そもそもなんでイラク軍基地の建設現場で料理するのが問題なんだ。基地の中だけど基地の仕事じゃないだろ。料理をしているだけだ。仕事がないと困るんだよ。市内にも仕事がないことはないが、電気も水もないところで汗だくになって働いても月に100ドル程度しか貰えない。それじゃ今のイラクじゃ暮らせない。ここはいい仕事場なんだ」と声を荒らげて言った。

ブラックウオーター事件

九月二九日午前六時ころ、キャンプエコー方向で15発の爆音。本格的に戦闘再開か。昼食営業中、GRS社にパスポートの提出を命じられた。米国のPMCブラックウオーター社が一六日に、バグダッドで市民十七人を射殺する事件を起こしたためだ。

ネパール人監督ロケンドラは「イラク政府が神経質になっている。パスポートを集めるのは外国人が何人いるのかを全てチェックするためだ」と説明した。WS社、GRS社の全スタッフと、V社に属するインド人ポールと私のパスポートが集められ、この日やってきた護送部隊PSDがバグダッドへと運んでいった。夕食営業中、GRS社司令官のロバートから「新しいビザを取るために送った。ここにはパスポートのコピーがある。実物が戻るのはバグダッドに行ったときだ」と通知された。

数万人規模の外国人労働者の全てを把握するのは大変な作業だが、どこの国籍が何人、という数字が公表されて私の滞在が明るみに出されるのではないか、と不安になった。同時に、一般論としてのPMCを紹介する記事が日本の新聞などに出ているのをインターネットで見て、安全管理上の問題で現場から情報を売り込めない状況にいることが悔しくもあった。

ブラックウオーター社は、米国務省が契約する米国最大のPMCで、約10億ドルを得て要人警護を請け負っている。コストダウンのために米軍の規模縮小を図ってきた米国防総省は大使館や政府高官の警護に人員を割けないため、国務省など他の省庁は警備をPMCに頼っている。日本大使館も、GRS社の子会社「サムライ」によって警備されており、各国とも同様の事情にあるようだ。

この件で同社は、米国務省関係者の護衛をしていたPSDが攻撃されたために発砲した、と主張したが、イラク政府は「攻撃を受けた形跡はない」とし、米連邦捜査局（FBI）も「少なくとも十四人に対しては正当な理由なく発砲した」とした。イラク捜査当局は「一方的な発砲」と位置づけ、同社のイラク国内での業務継続を拒否。米国内でも五人が訴追を受けることになり、毎年更新されていた国務省とのイラク国内での業務契約も打ち止めとなった。同社は社名を「Xe」に変え、国務省との契約は米国系PMCトリプル・キャノピーが引き継いだ。

米国議会報告によれば、ブラックウオーター社は〇五年からこの事件以前までに百九十五件の発砲事件を起こしており、うち百六十三件は「楽しみのために」（米フィナンシャルタイムズ紙）先制攻撃をしかけたものであるという。他にも、英国系のPMCイージス社のメンバーが、自分たちの後ろを走ってくる乗用車を何台も蜂《はち》の巣にして気勢を上げる映像がネットに流出しており、ブラックウォーター社に固有の問題ではないことが分かる。このブラックウォーター事件以降、こうした行為が「米国への評価をおとしめ、米軍への憎悪をあおる結果を招いており、結局は民営化によって政治的、予算的、軍事的にもよりコストのかかる戦争になっている」（同紙）と批判を集めるようになっている。

ＮＧＯやメディアも移動中にＰＳＤを利用したり、事務所警備をＰＭＣに委託したりしている。紛争地での復興事業や支援活動でＰＭＣの利用が一般的になっているのも確かだ。しかし、移動中に襲撃されてＰＭＣが反撃し、無関係の市民が巻き込まれる場合もありうる。支援のためとして現地に入りながら、自分たちの身を守るために現地人を巻き添えにしてよいのかどうか。武装をしないで活動できる方法を探るＮＧＯもあり、これらの判断はそれぞれの根本的な姿勢を問われる部分だ。〇四年の日本人人質事件の際には、「護衛をつけるべきだった」とする批判もあったが、殆どがそうした問題まで想定していない机上の空論だった。

事件から約一年後の〇八年九月、米国や欧州諸国などが、ＰＭＣの活動を監督するための指針を採択した。法的な拘束力はないものの、ＰＭＣ設立を免許制とし、社員採用時の審査の厳格化、社員に戦時の民間人保護を規定した国際人道法の学習を義務づけ、法令違反には関係各国が責任を追及するという内容だ。参加したのは、アフガニスタン、アンゴラ、オーストラリア、オーストリア、カナダ、中国、仏、独、イラク、ポーランド、シエラ・レオネ、南アフリカ、スウェーデン、スイス、ウクライナ、英国、米国の十七カ国。

隠れスンニ

一〇月一日、ナセルによると「昨日、ムクタダがイラク軍兵士に対して、三日以内に仕事を辞めないと全員を殺すと言った。よそでは知らないがディワニヤではそういう内容のビラがまかれた」という。ナセルら兄弟とアベドは脅迫状が来てからも様子を見ながら通い続けていた。一〇月四日午後八時ころ、イラク軍基地の西方向で爆音。空中から45度下に向かって閃光《せんこう》が走った。「ビィィィ」と奇妙な電子音も聞こえて来る。撃ち込まれたあたりからは、西、南へとあちこちに向かって光が飛んでいった。米軍から撃ち込まれている場所から米軍が遠距離砲を撃つとは思えず、恐らく闇夜で見えない空中の米軍ヘリに対して地上にいる民兵が撃っているロケット砲の弾頭推進薬の炎と思われる。

「大脱走」事件でバグダッドへ去ったものの、その後再び復帰した料理補助イサームはこれを見て、「もっとやれ、シーア派なんか殺してしまえ」と言った。密かに聞いたところによると、実は彼はスンニ派だった。一緒に働いていた彼の従兄弟サイードはシーア派だ。母同士がシーア派の姉妹だが、イサームの父はスンニ派で、彼もスンニ派だという。イサームは「シーア派とスンニ派が結婚することはよくある。しかし、全てのシーア派がいいやつというわけではない。イラクではシーア派が多数でスンニ派は少数。米軍がいなくなったら、みんなでスンニ派を攻撃してくるだろう。イラク軍がスンニ派の地域を包囲してロケット砲を撃ち込んできて、その地域から逃げようとすると捕まってしまう。ドリルで拷問されることもある。スンニ派の多い地域は危ないと言われているが、シーア派のほうがよほど危ない」と興奮気味に話した。ディワニヤは住民の90％以上がシーア派で、イラク人スタッフの中には「スンニ派なんかムスリムじゃない」とおおっぴらに言う者もおり、彼は自らを「シーア派」と言っていた。

「ディワニヤでは今は、マフディ軍は迫撃砲などを撃ち込んだりはしていない。恐らく別の連中だ。マフディ軍は停戦したからじっとしている。でも米軍やイラク軍が攻撃するので、なぜだ、と彼らの中でも不満が出ている」とスタッフたちは言った。ディワニヤではマフディ軍の停戦宣言後、むしろ米軍やイラク警察・軍による掃討作戦が激化している様子だ。マフディ軍と対立関係にあるＳＩＩＣの民兵組織で、特に警察を牛耳っているバドル旅団にとってはライバルを叩くチャンスであり、後ろ盾である米軍が駐留している間に制圧しておこうとの意識があるのだろう。

一〇月八日午後九時ころからサイレンが鳴り、市内方向で例の電子音が聞こえてきた。相変わらず何の音なのか判別できなかったが、市内で戦闘が行われている模様だ。一〇月九日、出勤してきたナセルが「ゆうべは市内中が米軍の爆撃で、家がものすごく揺れて、寝ていた子どもがびっくりして起きたので耳をふさいでやった。近所に着弾して体ごと吹っ飛ばされて、右足をくじいてしまった」と足を引きずるようにして歩いていた。

学校占拠

一〇月一〇日、イラク人料理人ハッサンによると、ディワニヤのアスカン地区の学校が砲撃を受け、生徒十八人、女性教師一人が死亡し、多数の負傷者が出たという。「迫撃弾がどこから飛んできたのかは分からないが、誰もが知っていることなのにテレビではニュースにならず、なぜなのか、とみんな言っている」という。

夕食中、テレビを見ていたダイニング担当のファイサルが涙ぐみ、目頭を押さえた。このころ、アラブ首長国連邦アブダビの衛星放送では、番組の合間にイラクの復興を願うCMが流れていた。この夜は、七月のサッカー・アジア杯で初優勝したイラク代表チームが、イラク出身の女性歌手とイラク国歌を歌うものだった。ファイサルは「イラクは教育制度がしっかりしているなどアラブでも一番の国だった。民兵が多いのは、仕事がないからだ。仕事さえあれば誰も民兵になんかならない。今では病院も学校も機能していないし、水も食べ物もよくないものばかり。なぜこんなことになってしまったのか。イラクのことをいつも思っているのに」と涙声で言った。

一〇月一〇日で私のV社との契約期間が終わった。その旨を社長にメールで知らせると、「仕事を続けてくれ。ディワニヤの事業はまだ続く。その間に別の場所での契約が取れたらそこへ行って貰うことになる」と返信が来た。契約更新についての話はいっさいない。つまり無契約状態で仕事をしろということだ。これまでの契約内容には、死傷した場合の保険に関するものがあったが、情勢の悪化が著しい中でそれすらない状態となる。現場で死傷したり、拉致されたりしても、会社側は「そのような労働者とは契約していない」と居直ることが可能だ。そうした危険の唯一の見返りである給料も、依然として3000ドル以上が未払いである。

一〇月一二日午後六時四十分ころ、こもったような小さめの着弾音が8発。この日までの約一カ月、イラクではイスラム教の断食月ラマダンが続いていた。日中は唾《つば》すら飲んではいけないので、料理人イーサらは味見すらせず、塩を入れすぎて「しょっぱすぎる」と客から苦情が来ることもあった。日中食べない代わりに深夜と日の出前の早朝に食べる彼らは、午前四時すぎに大音量で目覚ましを鳴らすので、同室の私まで寝不足になった。しかしそれも今日で終わりである。明日から三日間はラマダン明けの祭り「イード・アル・フィトル」でイスラム社会は休日になる。料理補助アベドは「三日間はディワニヤ中がクリスマスのようになる。爆弾ボンボンもなしだ。イラク中でお祝いしあって、お互いの問題は全部解決するのだ」とうれしそうに言った。それで解決すれば既にイラクは平穏なのだが、よほど楽しみなのだろう。しかし、居住区の仕事に休みはない。キッチンスタッフは、誰がこの期間に休みを取るかを巡って一日中大声で怒鳴り合っていた。

一〇月一五日、今月から洗い物担当になった新人のフサームによると、「ゆうべから朝の七時くらいまで市内のアスカン地区とキャンプエコーで撃ち合いをしていた。カチューシャを撃ったり撃たれたり」という状況のため、ナセルと兄弟の掃除人たち、アベドはそのために来られないという。祭りが終わらないうちから戦いが再開されたらしい。「一カ月ほど前から学校が米軍に占領されていて、土嚢が積み上げられて基地のようになっている。最近、アスカン地区で戦闘が多いのはそのせいだ。民兵が周辺住民に、危ないから立ち退くように、と言っているが、家を空けてしまうと軍に乗っ取られてしまうから、と誰も出て行かない」とフサームが話していた。バグダッドなどでは実際、治安悪化のために家を空けて国内外に避難した家族が、家を民兵などに乗っ取られてしまい、戻れなくなっているケースが少なくないようだ。

現地の通信社の報道によると、治安維持のために、多国籍軍とイラク軍が九月中旬に市内中心部に拠点を設けている。スタッフの話では、学校を接収して設置したようだ。「市民の生活を守るため」とイラク陸軍第八師団の司令官が説明しているが、民兵側はこの拠点を狙うようになり、この地区ではむしろ戦闘が激化しているようだった。衣食住だけでなく学校教育にも大きな支障が出ていることがうかがえる。居住区に通ってきているような二〇歳前後のイラク人は、特に戦争が始まってからのこの数年間、学校にも通えず、仕事に就くこともないままに十代を過ごしてきた。そうした層には民兵に加わる者も多い。WS社の大学出の二七歳、エンジニアのカリームは「そのことがいずれ問題になるのではないか」と深刻な口調で言った。

ポーランド軍の悪評と日本へのあこがれ

ディワニヤで活動している多国籍軍の主力はポーランド軍だが、イラク人スタッフによると、その評判がすこぶる悪かった。料理人ハッサンは「ものすごく怖がって四方八方めちゃくちゃに撃ちまくるので、民兵がいるところ、いないところも関係なく沢山家が壊れたり、人が死んだり、怪我したりする。米軍のほうがよっぽどいい」と言った。料理人イーサも「ポーランド軍は捜索に入った家から物を略奪するなど、米軍よりもよほどひどい」と眉をひそめて言った。

ポーランド軍はイラク中南部の治安維持を担っており、主要な任務はイラク軍の訓練と支援だが、民兵などの掃討作戦も行っている。ここのイラク人スタッフが米軍とポーランド軍の区別ができているかどうかや、実際の事実関係は分からないが、イラク人からの評判が極めて悪いことは確かなようだ。一〇月三日にはバグダッドで、駐イラク・ポーランド大使の車列が路肩爆弾の攻撃を受け、大使が負傷している。

自衛隊がイラクに駐留していたことについては居住区のイラク人スタッフも知っていて、

「軍を送ったから日本も米国と同じく敵だ」と言う人もいたが、「日本と言えば最高品質の車と電化製品」「日本人が兵士になること自体が想像できない」と言う意見が殆どで、依然として日本への親しみは感じているようだった。エンジニアのカリームは「日本は戦争をやらないで、その分の金と努力を科学と経済の発展に向けたんだろ。素晴らしいよ」と賞賛した。

ポーランドへの評価との違いは、特に八〇年代まで日本とイラクとの関係がよかったこともあるが、大きな点は、陸上自衛隊が駐屯したサマワにおいて、イラク人に対して発砲することになる治安維持作戦に参加しなかったことによるだろう。給水や、学校の改築事業の発注・監督など、WS社のような民間業者に発注すればすみそうな程度の極めて零細な活動だけで撤退したことで、ポーランド軍ほどの印象を残さずにすんだともいえる。空自による安全確保支援も、目に見えないだけに印象は残さなかったようだ。開戦前から一貫してイラク戦争推進に加わってきた日本だが、今後、海外での任務拡大をすることが何をもたらしうるのか、ポーランド軍の状況はよい参考になるだろう。

一〇月一六日。出勤してきたナセル、アベドによると、アスカン地区、クサイメ地区では昨日、一昨日とも一日中戦闘があり、アスカン地区の学校は完全に崩壊した。米軍やポーランド軍と、アスカン地区とその周辺に集まった民兵が撃ち合い、学校に多数着弾して全壊し、周辺の家も破壊された。イラク人三十七人が死亡、七十人が負傷し、「今日も戦闘が激しい」という。正午過ぎには東の方向に黒煙が上がっているのが見えた。ハッサンはこれを見て「サダムの時代はよかった。民兵などいなかったのだから。サダムさえ戻ってくれば、みんな怖がって十分で静かになるのに。なんで彼はいなくなってしまったのか」と嘆いた。

夜の衛星放送で、ディワニヤ市内の人通りのない道路を封鎖している米軍を遠巻きに撮っている映像が流れた。アスカン地区だという。アベドによると、イスラム教シーア派の民兵、マフディ軍とバドル旅団が銃撃戦を始め、米軍が双方を追い払ったようだ。私が「米軍、活躍しているじゃないか」というと、アベドは吹き出して「そうね。でもいつも、どっちもいないところにボンボン撃ち込んで関係ない人を沢山殺しているけどね」と言った。

大掃討作戦

一〇月一七日、昼食準備中に外に集まっていたイラク人スタッフらが深刻そうな顔をしていた。ナセルらによると「明日から全ディワニヤ住民の身元をチェックするために、三人に一人が代表としてキャンプエコーに行かなければならない。五日間はディワニヤ中が閉鎖されるようだ」という。アベドは「エコーから通知があったのだが、ディワニヤの人間はそんなことは事前に分かっているので、民兵はこの間にいなくなり、また後で戻ってくる。前にも同じようなことをしたが、何も変わらなかった」と笑った。普段は午前中に一度来るだけのイラク人食材調達屋が午後五時すぎに再びやってきた。「明日から来られないだろうから」だという。

一〇月一八日、ディワニヤ市長が記者会見し、「市内の幾つかの地区は完全に民兵に支配されている。イラク政府は早急に手を打ち、治安の掌握に努めるべきだ」として国防省、内務省に対策を講じるよう要請したことを明らかにした。市長は「前市長を暗殺したグループも含め、対話をする準備がある」としたが、市議会の公安委員長はこの案を拒否し、「この州の半分の地域は政府が掌握できていない。武装集団に居場所を与えてはいけない。追い出すか殺すべきだ。我々は市当局による統治下に置く決意をした」と現地通信社に語っている。

インド人ポールがGRS社から聞いたという話では、既に米軍の戦車三台が市の中心部で周囲ににらみをきかせており、「明日から完全に市内を閉鎖して出入りを禁止し、全ての地区で民兵の捜索を行う」と宣言したという。ポールは「四月にも同じようなことがあり、食材を調達できなかった。今回も何日間になるか分からないが、ひとまずトマトなどの食材を二日分用意した。その後どうなるかは分からない」と困った様子で言った。

地元のテレビ報道によると、バドル旅団を率いるSIICのハキーム師がディワニヤに来ており、アベドによると「市内は警察官だらけ」という。「ディワニヤの権力者はみなバドル。イラクはバドルだらけだ。金ばかり取って少しも仕事をせずに、いずれロンドンやらニューヨークやらで優雅な暮らしをするのだろう。で、イラク人には食う物すら残らないんだ。イラクはもうおしまいだ」とやけくそ気味に言った。彼は元イラク軍兵士だが、現イラク軍に入れないでいるのは、「入隊に必要な裏金数百ドルを払えないから」らしい。バドル旅団が中核をなすイラク軍や警察と、マフディ軍との抗争が利権をめぐった争いであることが、こうしたイラク人の見方からも想像できる。

一〇月一九日の午前中は市内の方向から爆音が響き続けた。市街地の上空には旋回する二機のヘリが見えた。アスカン、クサイメ両地区あたりらしい。この日も戦闘が続いている様子だ。現地の報道によると、パトロール中のポーランド軍の車両が三発の路肩爆弾で炎上させられ、交戦に発展したという。現地の報道では、この後、マフディ軍を中心とした武装集団に対する掃討作戦が展開され、マフディ軍の司令官を含むサドル師支持者が連日、十人、二十人と拘束された。イラク軍は一一月下旬、周辺の第七師団、第九師団からも戦車隊と三千人の兵士を投入して対サドル師派の掃討作戦を行い、拘束した百二十一人を刑事裁判にかけるほか、97個の路肩爆弾、270丁の自動小銃AK47、15発の迫撃弾などを押収したと発表した。この時期、ディワニヤ在住のイラク人スタッフがいらいらして、些細《ささい》なことでも互いに口論になった。料理人ハッサンは「街中で訳も分からないうちにどんどん人が捕まえられていて、家族や友人が心配で落ち着かないんだ」と話していたが、背景はこの状況だった。

この後、〇八年二月にサドル師派は停戦の半年間の延長を宣言したが、ムクタダ・サドル師自身が、サドル師派が事実上分裂状態にあることを公言した。停戦したにもかかわらず掃討作戦を受けていることに、支持派の中でも不満がたまっていることは、居住区のスタッフも話していた。三月下旬にはバグダッドや南部のバスラ、ナシリア、ディワニヤでも大規模な戦闘が発生し、「事実上の停戦崩壊に至った」と日本でも報じられた。ディワニヤでは「停戦期間中」も戦闘が続いており、この状態がシーア派地域全体に拡大したかたちだった。

米軍が引けばシーア派にとどまらない利権争いが激化しかねず、万単位のイラク人基地労働者が失業することになる。駐留し続けてイラク軍や警察の支援をしても、一部の利権集団を支える行為として見るイラク人が少なくなく、火種を煽《あお》ることになりかねない。〇九年一月に発足した米オバマ政権は、混乱を残さずに撤退できるのだろうか。

シェフに上り詰める

一〇月二五日、シェフの座に就いた。この日の午前中に来たGRS社の護送部隊PSDで、これまでシェフだったインド人ポールが去り、アシスタントの私が昇格したわけだ。

この日のために料理の殆どを私がこなすようになっていた。九月のある日、ポールが十時すぎまで寝ている隙《すき》にエビグリルのメニューを勝手にエビフライに変更したことがあった。エビフライなど生まれてこのかた作ったこともなかったが、ネットで調べて作れる程度には腕が上がっていた。客からの評判は極めてよく、以降、最重要の顧客であるWS社のマネジャー・ロイが毎週リクエストするほどになり、ポールはエビフライの作り方を知らないために、キッチンにおける私の地位は格段に上がっていた。

一〇月上旬で契約期間が既に切れていたポールは一日も早く帰国したかったらしく、代わりのシェフが来るのを待っていてはいつまで延びるか分からないこともあり、「ジュンペイだけでも切り盛りできる」とV社の社長に訴えていた。狙っていた通りの展開である。私としても、新しいシェフが来ると、私の料理のウデを見られるだろうから、代わりは来ないで貰いたかった。そこで社長には、「私がシェフになればアシスタントはいらないので、その分の月給約1200ドルが節減できる」と提案していた。こうした交渉が実って、私一人で全てを取り仕切るシェフの地位を得ることができた。

ここでのシェフの業務は料理だけでなく、食材調達やメニュー作りなど給食事業全般と、施設管理、スタッフの人事など、居住区におけるV社の業務全ての統括である。これまでも料理だけで忙しかったが、更に目の回るような慌ただしい毎日となった。

朝八時ころにキッチンに出て、肉や魚の処理と、タマネギやニンニクをきざむなどの下準備をすませ、外に出て居住区内のゴミ箱が全て空になっていることを確認してから、洗濯室を覗き、担当者に一言声をかけてからまたキッチンに戻る。シチューやカレーのためにジャガイモやナスなどを切ってそのまま調理に入るが、多くの場合、この間に「電球を換えてくれ」「部屋の掃除をしてくれ」といった要望が客から来るので、その都度火を止めて対応に出る。そうしているうちに市内から食材を調達するイラク人が来るので、倉庫へ行ってこの日来た食材のチェックと、明日必要なものの注文をする。これらを終えてキッチンへ戻り、料理をすませると、従来通りダイニングへ出て客へのサービスもする。

午後一時半ころまでに自分の食事を終え、もう一度ゴミ箱を見て回って掃除の様子を確認し、着替えて昼寝をする。ポールが去ってからは、金銭の管理の問題もあって、元の部屋に一人で住むようになった。三時すぎにキッチンへ出て夕食の準備。この時間は監督業務はなく、料理に集中できる。午後八時前までに夕食を終え、翌日のメニューを組んで、必要な肉や魚を解凍するために倉庫からキッチンに運んでおく。部屋に戻ったら、その日に仕入れた食材の量と金額を表にし、必要な連絡事項も記して社長にメールする。午後十時半すぎに、居住区の門を守っている二人のネパール人に、夜食の菓子とジュースを届けてその日の仕事が終わる。

メニューは、例えば牛肉はほぼ毎日使うが、シチューやストロガノフ、ステーキ、ハンバーグなどをバランスよく入れ替えなければならない。ネパール人の一人は完全ベジタリアンなので、野菜カレーなどをうまく組み込む必要がある。GRS社の司令官ロバートが去ってコマンダーから司令官に昇格したマークはソーセージが好きなのだが、マッシュポテトとセットでなければ機嫌が悪いので注意を要する。イラク人は昼食でしか米のご飯を食べないので、昼にご飯にかけるためのスープものを、夜には既に述べたラムチリフライや唐揚げなど、ちぎったパンでつまんで食えるような料理にしなければならない。地元調達のラム肉や鶏肉がなくなればメニューに困るので、常に分量を計算して献立を組む必要がある。

食材調達は、ポール時代は月々2500〜3000ドルで、更に調達屋に手間賃として600ドルを払っていた。しかし、イラク人スタッフへの聞き取りの結果、調達屋が市価の二倍から三倍の値段をふっかけていることが分かった。そこで、調達屋を解任し、毎日通ってきているナセルら兄弟に金を渡して買ってこさせる形式にした。手間賃600ドルの分と合わせれば、理論上では経費を半額近くに抑えられる計算で、その分、少なくて苦情の多かった肉の量を増やしたり、缶詰でない果物を買ったりと、サービスの向上に充てることができる。

これによって、例えばイラク戦争前の〇二年一二月で10kg1ドルだったジャガイモが8ドルになっているなど、物価が五倍から十倍にまで上がっていることも分かった。かつては各家庭に米や小麦、砂糖、茶葉、油などを配給していた制度も殆ど機能していないらしく、収入のない家庭は相当に苦しい生活をしていることが、食材調達の様子から想像できた。

最大の懸念は、イラク人への給料の支払いだった。ポールが慌ただしく去っていったのは、この問題に関わりたくなかったからだ、というのがスタッフ一同の見解だった。イラク人の団体交渉の窓口は現地責任者の私である。第三章でも触れたが、この居住区が閉じるとき、その日までの給料があらかじめ私の手元にある必要があるが、毎月の支払いすら遅れる状態ではそれは期待できなかった。建設事業は一一月までは続くことが分かったものの、それ以降が不透明で、一〇月末になってイラク人たちは「受け取りは最終日でよいから、一一月分があらかじめ居住区に来なければ、一〇月いっぱいで辞める」という交渉をしてきた。事業が一二月まで続く可能性もあったことから、「交渉をしかけるのは来月にしろ」と説得してなだめたものの、「最終月問題」は先送りになっただけで、今にも燃え上がりそうな気配を見せていた。

また、交渉の結果、私の月給はポールと同じ550KD（約2200ドル）となった。一〇月半ばに1500ドルが来たものの、依然として2000ドルほどが未払いだったが、問題は、新たな契約書を送るよういくら求めてものらりくらりと受け流されていることだ。「シェフとして550KDを払う」という内容のメールが契約の証拠にはなるが、一〇月一一日に当初の契約が切れて以降、補償などについては何も約定が交わされていない状態となった。

戦場にいることの恐怖

インド人ポールが去った日、再び戻った以前の自分の部屋のベッドに横たわって一日の出来事をノートに記録しながら、彼が以前、何度か、客が入ってくることのない倉庫で、それでも声を潜めるようにしてつぶやいた言葉を思い出していた。「GRS社が契約しているのはWS社であって、我々のV社ではない。非常事態に、WS社もGRS社も我々の安全に責任を負ってくれずに、我々だけがここで放り出されることになるんじゃないか。ここはイラク人の国。イラク人連中ともめるようなことがあったら、連中は我々を捕まえるか殺しに来るだろうし、民兵にでも売り渡すかもしれない」

ポールはイラク人を非常に恐れていた。イラクに来るのは初めてで、GRS社のネパール人からは「民兵と通じているかもしれないからイラク人を信用するな」とたびたび警告されていた。実際、日々周囲に爆弾が降り注がれている状況では恐れるのも当然だろう。そう考えると、これまでの彼の言動も理解できる。

一〇月二五日、イラクを去るポールが引き継ぎ文書として私に差し出した一枚の紙には、食材調達屋に払うべき金額しか書かれていなかった。この章の「銃を突きつけられる」の件で、「イラク人の給料リストを持っている」と繰り返し言っており、私がその提示を求めると、困った顔をしながらその場でノートに手書きで記した。これによって、各250ドルだった掃除人全員に100ドル昇給させていたことが分かったが、ポールは「既に二カ月そうしている」とだけ言って去っていった。掃除人は通いで仕事をしており、午後三時ころには帰宅する。彼らだけ四割も昇給して350ドルでは、宿泊していて労働量も多いキッチンスタッフの400

ドルと比べてあまりにバランスが悪い。なぜこのようなことをしたのか。ネコたちがいつものように鳴きながら部屋の扉をガリガリと引っ掻くので、構ってやろうと扉を開けたところで気がついた。このコンテナは真ん中に2mほど幅を取って間仕切りの壁を作り、左右に一部屋ずつ設けてある。向かいの部屋は掃除人の休憩所になっている。恐らく彼らはこの扉を何度もノックして昇給を迫ったのだろう。重要な引き継ぎ事項であるにもかかわらずポールがリストの提示を渋ったのは、自分でも後ろめたかったからではないか。

スタッフへの聞き取りの結果、ポールの部屋へ行って個人的に「今月は金がなくて」と無心すると、給料とは別に10ドル、20ドルをその場で貰えることもあった、という証言が複数出てきた。彼は、部屋に一人でいるところへ乗り込まれることを恐れると同時に、金をばらまくことでイラク人スタッフのご機嫌を取ろうとしていたようだ。

その費用は〝水増し請求〟から捻出《ねんしゅつ》されていた。このリストを元にイラク人の月給を合計してみると5200ドルだったが、ポールは5700ドルをV社に請求していた。これは、スタッフ六人が一斉に去った「大脱走」事件以前までの金額である。その際、掃除人だったナセルをキッチンスタッフにするなど配置換えをし、アベドら新人を雇ったが、ポールは二人の欠員を残したままにしたことで800ドルを浮かせた。掃除人三人に計300ドルを与えた残りがこの差額500ドルだ。V社の社長には、欠員についてはもちろん知らせていなかった。彼はこのころ「この余った金を我々の安全のために貯めておこうか」と倉庫で私に小声で提案している。私を部屋から追放した後、彼が「なぜ給料受け取りを口座振り込みにしなかったのか」と問うのに対し、私は「イラクのような戦場で何かあった際には頼りになるのは現金だけだ。身の安全のために手元に現金を用意しておくのは、戦場に来る者の常識だ」と説明したが、彼はこれを気にしていたらしい。

彼は、会社の金を使って自分用の生活用品や携帯電話のプリペイドカードを購入していたが、この500ドルのその他の使い道は不明なままとなった。あるいは、自ら提案していたように「安全のため」として持ち去ったのかもしれない。彼が私を部屋から追放したのは、口論になって「怖かったからだ」と言いながら、その後も毎日、私と二人きりで密室である倉庫で作業をしており、その一方で彼の部屋には絶対に入れようとしなかった。部屋にはティーバッグの予備が置かれており、ダイニングになくなると取りに行くのだが、彼はそれを必ずイラク人に命じていた。彼が「怖かった」のは私に使途不明金を調べられることだったのだろう。「大脱走」事件以前から私的流用をしていたのかもしれない。送られてきた金の用途がどう決められているのか私が聞いた際に激高したのは、このことに触れる内容だったからだ。

それほどにもイラク人を恐れていたのだと考えれば、常にイラク人への便宜を図っていたことも頷《うなず》ける。WS社のイラク人エンジニアが、居住区の規則で禁じられているにもかかわらず、朝食営業時間が終わった後にキッチンの側から入りこんで食事を要求することも、彼は黙認していた。業務に支障が出ていても、「ここは彼らの国だから」と放置していた。一方でネパール人に対しては、仲のよい相手にだけジュースや菓子を差し入れるなど私情を交えた対応をし、「ここで戦闘でも起きたら、どさくさに紛れて俺があいつを撃ち殺す」と言う人もいるほど評判が悪かったが、ポールは強気で、料理の量や質への苦情もいっさい受け付けようとしなかった。こうした対応は、イラク人へのものとは対照的だった。

彼にとっては、狭い居住区での暮らしも苦痛だったのだろう。就寝するのは早くて午前二時。時には四時を回った。連日テレビの深夜番組を見ていたからだ。起床は午前十時半すぎ。キッチンに来るのは十一時すぎだ。客であるWS社もGRS社も午前七時半には業務を始めている。電球の交換や空調機器の整備その他、様々な要求が来るが、その窓口であり対応責任者であるポールが十時半まで寝ていることに苦情がたびたび来ていた。それでも生活態度は改まらず、七月ころからは見るからにけだるそうになり、労働の時間も内容も極端に減っていた。

早寝したところで、すさまじい爆音と揺れによって叩き起こされる。閉ざされた空間での変化のない毎日に、自分の時間が欲しくなる衝動は私にもあった。そうした環境で働くことへの対価である給料が彼にも一部払われていなかった。となれば荒むのも無理はない。彼のV社との契約は一〇月上旬で終わり、その後の彼の生活はますます荒れていった。

「自分には、まだ二カ月分の給料が来ていない。私は社長のためではなく家族のために働いているのに。GRS社の司令官マークに、給料未払いの件を何度も訴えているが、それなら食堂を閉めろ、と言うだけで何もしてくれない。WS社も、我々の問題ではない、と言うだけだ」と、一〇月一八日の夕食後、ポールは唐突に声を荒らげて言った。周囲への疑心暗鬼で気も狂わんばかりだったのではないか。

翌朝、彼が前夜のうちに用意しなければならないはずの、朝食用の卵や牛乳などが全く準備されていなかった。この日の朝食担当のイラク人が自分で用意するためにポールに倉庫の鍵を借りにいったものの紛失していたことが分かり、鉄棒で倉庫のドアをこじ開けなければならなかった。前夜、ポールはGRS社のロケンドラから貰ったウイスキーを痛飲し、徘徊《はいかい》したあげくに鍵を落としたらしい。午前中、彼は酩酊状態で仕事ができない状態だった。既に限界を超えていたのは明らかだった。

ポールが去ったのはその一週間後のことだった。

「ボス」の役割

私がシェフの座に就いてすぐのころ、イラク人キッチンスタッフが連日大声で言い争っていた。何事かと思っていたが、問題は「誰が洗い物の手伝いをするか」だった。このころのイラク人キッチンスタッフは七人で、洗い物担当はそのうちの一人だった。彼は、料理の過程で出る汚れた鍋や、客が使った皿を洗うのだが、特に営業終了後は一気に洗い物が来るため、瞬間的に忙しい。そこで「誰かが手伝った方がいい」という話になったが、誰がそれをやるのかが決まらないらしい。

何日もかかって彼らが私に言った結論は、「ボスのお前がちゃんと決めないから悪い」だった。「自分の方が、仕事が多い」と言い合って譲らず、「もう一人別の洗い物手伝い担当を雇ってくれ」とまで言い出したので、私が彼らの〝手伝いシフト〟を作らなければならなかった。交代でやればいいだけの話だと思うが、互いに譲り合って妥協点を見つけるという作業は彼らには性に合わないようだ。必要なのは、絶対的なボスによる命令である。

言い争っていた一人は、「イスラムではなくアラブの習慣で、イラク人はボスが言うことには気をつけして黙って従うが、自分で考えようとしない」と苦笑いした。

イラク人は「誰がボスなのか」を非常に重視する。

「大脱走」事件後、それまで掃除人だったナセルが料理補助になり、一八歳の新人が洗い物担当として入った。ある日の昼食営業中、ナセルが床の掃除をしていたが、新人は座って見ているだけだったので、私が新人に「なぜ一緒にやらないのか」とたずねると、ナセルがやってきて「お前はボスじゃないくせに、いばるんじゃねえ」とすごんだ。ところが、そのナセルが一時間後には「なぜ一人で掃除しないといけないのか。もう俺はやらない」と愚痴りだした。許されるのは愚痴るところまでなのだ。

数日後の昼食準備中、この新人が仕事をしないでダイニングでテレビを見ているので「遊んでないでタマネギの皮をむけ」と私が言うと、やはり「ボスじゃねえくせに」と吐き捨てた。朝食に卵を三つ以上食べないようイラク人を監視しろ、とポールが私に命じ、結果、私とイラク人とで争いになったことがあった。そこで問題になったのも「ボスじゃないくせに」だった。

ボスは殆ど「殿様」扱いである。この新人が一度、朝食直後に嘔吐《おうと》したことがある。GRS社の医務室で診て貰い、その日のうちにディワニヤの家に帰らせることになった。当然、ボスのポールの了解が必要なので知らせる必要があったが、通訳に来て貰っていたWS社のイラク人エンジニア・ザフェルは「彼はまだ寝ているのでは」と躊躇《ちゅうちょ》した。既に午前九時すぎだったが、ボスに対してはそうした気づかいが必要で、新人の立場を考慮したらしい。一一月に入ったある日、電気担当の一人が午前中にボスである私に無断で基地を出て市内に行ってしまい、その間に停電して復旧できず、客からも苦情が来るなど業務に支障が出た。せめて私に断っていれば対応もできたのだが、発ったのが午前七時前で「ジュンペイは寝ていると思った」ために無断で出たという。その間に業務に支障が出る可能性よりも、寝ているボスを起こすことの方が問題らしい。

ボスは絶対的な存在だけに、ボスにさえ取り入れば全てが通る、という考えもあるようだ。ポールが全員に設定したはずのルールが実は一人だけ例外ということも多々あったが、その当事者は「ボスのポールがいいと言ったのだからそれでいいのだ。それがイラクだ」と私に言ったものだった。私がボスになってからは、他のスタッフに見つからないようにこっそりと「給料を増やしてくれ」と求めてくる者もいた。こうした動きをうまく処理できなければ、ボスとして失格ということになる。

しかし、ボスにもランクがある。この章の「銃を突きつけられる」の項でWS社のイラク人エンジニア・通称ボブが仲裁に入ったことに触れたが、彼は「問題を起こすな。俺はお前のボスだ。言うことを聞け」と言って私をにらみつけた。私があっけにとられていると、「俺はWS社の人間だ」と付け加えた。WS社は私にとって客ではあるがボスではない。しかし、ポールがいた時期に、イラク人スタッフの給料を送るようV社の社長と交渉していたのはボブで、彼は実益をもたらすボスとして畏《おそ》れられていたのも事実だ。ボブは私がシェフになったのと同時期にWS社を辞めており、彼が期待されていた役割を私が担えなければスタッフの人心を掌握できない、という重圧もかかっていた。

また、給料分配の際に、金額に不満を持ったキッチンスタッフ・ファイサルが、叔父であるWS社のイラク人エンジニア・ファリスに泣きついたことがあった。〝大ボス〟ファリスが

「もっと払え」と申し立てに来たが私が当然のごとく突っぱねると、ファイサルは「ファリスはWS社だ！　ボスなのだ！　大問題だ！　ロイに言いに行く！」と顔を真っ赤にして叫んだ。ボブやファリスは実際には〝小ボス〟で、同社マネジャーのロイこそが〝大ボス〟なのだが、彼がこちらの問題に関与するはずもなく、結局何も起こらなかった。

ファリスがこうした立ち回りをしたのは、ファイサルとの血縁関係によるものが大きい。「大脱走」事件直後にファリスが連れてきたのがファイサルである。ファイサル自身が常々言っていたのが、「イラクでは何があろうと家族を守ろうとする」という話だった。ナセルが料理補助になったばかりのころ、やはり給料の額に不満を持ち、イラク人エンジニアを通して「掃除人に戻りたい」と私に申し立ててきたことがあった。ポールが掃除人の月給を100ドルも増やしたおかげで、仕事量の少ない掃除人のほうが効率よく稼げるようになっていたからだが、WS社の人間を使うやり方が気にくわなかった私が「掃除人はこれ以上いらないから辞めろ」と言うと、彼の兄ファザーが間に入り、「二度とナセルにそういうことは言わせないよう言い聞かせる。それで何か問題あるか」と逆に私に詰め寄った。こうしたときには、とにかく無条件で家族の側につくのがイラク人である。

部族社会に生きる彼らは、その最小単位である家族の繋がりに頼り、また縛られて生きている。居住区で働いているイラク人スタッフに互いに血縁関係のある者が多いのは、連帯責任を負わせるためにあえてそのように雇っているからだ。

そうした社会の中では、ボスとしての地位が上がれば上がるほど影響力を持ち、頼られるようになる。様々な要望を処理しつつ、実益をもたらさなければ部下たちはついてこない。一族からは、その地位に応じた便宜供与を期待される。イラクに生きる者の〝宿命〟だ。

これをまさに体現していたのが故サダム・フセイン大統領だった。最強のボスとして強力な重しとなり、複雑な利害関係と対立要素を持った集団をまとめ、イラクという国家をつくり上げていた。一族ばかりを優遇したと言われているが、それをやらなければ生きていけないのがイラクである。欧米的な感覚では独裁者ではあっただろうが、ボスとしての彼を人々も様々なかたちで頼っていたわけで、その意味で、サダムはイラクの産んだイラクらしい支配者だったといえる。欧米型の「民主主義」など、イラク人はそもそも求めていなかったのではないか。

〇三年四月のサダム政権崩壊直後のバグダッドでは、確かに多くの人々が米軍を歓迎していた。しかし、それは「解放者」としてというよりも、より強い力を持った新たなボスとしてであり、恐れつつも、当初は一定の期待感も抱いて占領の現実を受け止めただろう。そして、人々をまとめあげることも、実益をもたらすこともできないことが分かった時点でボスとして失格の烙印を押し、激しく抵抗するに至ったわけだ。

暴動を阻止せよ

一一月九日十一時半ころ、GRS社の事務所に連れて行かれた。部屋には司令官マーク、医療担当のピーター、WS社のロイがいすに座って私を待ち構えていた。空気が張りつめている。私の後ろのドアの前にネパール人ロケンドラが立って、私を取り囲んだかたちになった。

「誰がプロジェクトが終わると話した。どのイラク人エンジニアだ」とマークによる事情聴取が始まった。日ごろから態度が威圧的だが、いつも以上に顔をこわばらせている。

「どのエンジニアだったか……一カ月以上前だし……スタッフも話していました」と口を濁す私。情報源を売るわけにはいかない。「我々からではない」とマークがロイに言った。

「社長へのメールに書いたのは、ここの居住区が閉まる前にイラク人の給料を送れ、ということ。毎月、月末には来なくて遅れてくる。この調子では恐らく、最後の給料は居住区が閉まる前に届かないのではないか、という心配があるのです」と私。マークは呆れたような顔になった。「その通りだ。送ってこない可能性がある。お前の給料も来ていないんだろ？　まあ、いつ終わるかは確かではないのだよ」とロイがにこやかに言い、これで事情聴取は終わった。

このころ、イラク人スタッフの間では、一一月中にもこの建設事業が終了するとの認識が広まっていた。WS社のイラク人エンジニアからの情報で私もそれを聞いていた。一〇月下旬から既にこの問題がくすぶっており、V社の社長に「一一月中には事業が終わる可能性があるので、すぐにでもイラク人の給料を送ってほしい」とメールをしたところだった。

事情聴取が終わり、しばらくして敷地内ですれ違ったロケンドラに、「なぜマークがメールのことを知っているのか」と聞くと、「お前のところの社長が、プロジェクトが終わるとお前が言っているとWS社にメールして、WS社がGRS社に通報してきた。いずれここを去るときは長い車列で移動することになる。イラク人に知られるとイラク軍に伝わり、イラク軍の誰かがイスラム教シーア派民兵に知らせるだろう。だからこれは機密事項なのだ」と真剣な口調で説明した。警備を請け負っているGRS社としては死活問題である。事情聴取の間の緊迫した様子からも、それが感じられた。

イラク人スタッフの最後の給料を居住区閉鎖の前に獲得するための、自社の社長との駆け引きをしなければならなかった。社長は「WS社は事業を延長する。来年一月いっぱいまでは確実に続く」と繰り返し、のらりくらりと送金要請をかわす。WS社、GRS社に相談しても「我々は契約業者の話に関与しない」と取り合わない。せめていつ事業が終わるのかが分かれば社長との交渉もしやすいが、両社とも「それは言えない」の一点張りだった。

仕方がないので、WS社の事務所へ出向いてロイに「イラク人スタッフがストライキを示唆している」と知らせたが、「OK。仕事をしないなら、ここから去って貰う。我々はエコーで食うことにする」と気にもしない様子だった。ロイが呼んだGRS社のマークも同様で、「撤収の日付を事前に言うことはできない。ここを去って再び戻ることも我々のセキュリティの仕事上、認めるわけにはいかない」と原則論を繰り返すばかりだ。彼らはむしろ、私の給料がこの時点で５０００ドル以上未払いであることの方を心配してくれたが、私は「自分はクウェートで社長の事務所に殴り込むこともできるが、イラク人はできないから」と説明し、「せめて日付だけでも」としつこく食いついて、翌日に両社とイラク人スタッフとの話し合いの場を持って貰う約束を何とか取り付けた。

この一日で、ＧＲＳ社側で協議をしたのだろう。翌日、ダイニングに集まったイラク人たちの前でマークが、「最終日の七日前に知らせる」と提案した。イラク人の一人が「ここで働くのが好きだから、できれば残りたい」と言い、日ごろはイラク人を殆ど信用していない様子のマークが、礼儀としてであれ「あなた達の仕事ぶりは大変素晴らしい。給料が来ないなんて許されない」と返した場面は、両者の間に何かが通い合ったかのようにも見えて感動的だった。

異例の申し出に、イラク人たちはみな喜びを露わにしていた。七日間あれば、クウェートから送金してここへ届くのに十分だ。これで解決したかのように思われた。

しかし、イラク人の給料を月内に受け取るために、二五日までに送金手続きをするようにメールで社長に要請していたが音沙汰《さた》もなく、二一日になって「一二月一日に送金する」と返信があった。少しも話が進んでいないことになる。料理人イーサに言うと、「それでは遅い。ここは二七日か二八日には閉まる。捕まってキャンプエコーの刑務所に四、五日入れられるくらい怖くはない。金が来ないなら何でもやるぞ」といら立たしそうに言った。

なぜイラク人の給料が来ないことが大ごとなのか。未払い自体も問題だが、ここは戦場イラクである。気の毒だ、ではすまない恐れがあるからだ。イラクの混乱が続いている背景の一つに、米国が中心となってサダム政権を倒したものの、電気、水道、治安、雇用、教育といった社会的インフラをも破壊したまま整備できず、イラク人が不満を募らせてきたという点がある。一般人が抵抗すると米軍その周辺まで含めて「テロリスト」と見なして殺すか拘束をし、ますます反感を買って混乱を深めた。

そのイラクで、イラク人をだましてただ働きさせるなど、あまりに危険すぎる、というのが私の感覚だった。GRS社が懸念しているように、居住区からの撤退は大規模な車列になるだけに目立ち、襲撃される危険性を伴う。イラク人スタッフら自身が襲撃することはないとしても、話は伝わっていずれは民兵の耳に入るだろう。たとえ今回は無事に撤収できたとしても、今後どこで襲撃されるか分からない。私との新しい契約書をいくら催促しても送ってこないのは、襲撃されて死傷するか人質になった場合に「我々の従業員ではない」としらを切るためだろうが、イラク人への給料を払わないことで襲撃される可能性も考慮していたのではないかとすら思えてくる。

また、私が現地責任者のシェフになった以上、部下であるイラク人たちには給料をしっかり渡してやりたかった。規定通りの金がくれれば、食材調達方法を変えて浮かせた予算と、ポールが去って代わりの人員が来ないことで浮いた人件費分を使って、人員が減っていながら給料が据え置きだったキッチンスタッフにそれぞれ100ドルはボーナスを出せるのだ。イラク人は今でも日本人に好感を抱いている。八〇年代にイラクで活動した日本企業の労働者たちの緻密で熱心な働きぶりは、イラク人の間ではその後も語りぐさとなっている。そうした先人たちに恥じないよう、スタッフたちに「さすが日本人」と言われるような仕事で喜ばせてやりたかった。取材をするだけならば、暴動かストだけでも見るためにただ傍観しているべきだっただろう。戦場労働の実態を示す材料としてうってつけだ。しかし、自分の努力で解決できるかもしれないのに、あえてそれをせずにイラク人の窮状を眺める気にはなれなかった。

インドなど他の国からの労働者が、自分の給料に反映されるわけでもないそうした努力をするかどうかは分からない。恐らく、余計な労力を使わずに全力で我が身を守ることを最優先させるだろう。それはそれで〝必死〟の姿であり、否定するつもりはない。その意味で、他の労働者ならしないような努力をするのは、労働者としての経験をするという当初の目的からは逸脱しているのかもしれない。しかし、勝手にそう解釈して無関心を装うのでも、手を抜くのでもなく、自分なりの方法でできる限りのことを尽くすほうが、労働者として現場を経験するという意味では重要なのではないかと思った。

二二日、イーサが相変わらず「二七日か二八日でやはり事業は終わりだ。金がこないならすぐ仕事止めるぞ」と繰り返す。「もう少し時間はあるって。止めたらWS社が出て行けと言うぞ」と私。前夜、GRS社のロケンドラにネパール人数人との宴会に呼ばれ、肉料理を差し入れて、「一二月一日が最終日」との情報を得ていた。しかし、その日付はイラク人に知らせないという約束だったので、イーサは「出て行かない」と納得せず、私が「GRS社が銃持ち出すぞ」と言うと、「なんだよ、そりゃあ」と憮然《ぶぜん》とした顔をした。

二三日。相変わらず社長からの返信はない。夕食後、配電担当マジッドが「明日にも仕事止める」といらいらした様子で言った。「なぜ明日なんだ。社長には二五日までに送れと言ってある。なぜいきなり止めるのだ」と私。「金こないから」「だから二五日だと言っているだろ。WS社が出て行けと言うぞ」「出て行かない」「GRS社が追い出す」「それ大問題だぞ」「マークは七日前に知らせると言っていただろ。それがまだ言わないのだから、まだ七日はあるんだ」と、言い合いになった。イーサが「GRS社はセキュリティのためと言って知らせずに去るんじゃないか。問題だよ」と言い、「知らせずに去ろうとしたら、居住区は出られても、イラク軍のゲートで止めるぞ」とハッサン。彼らのいらだちはそろそろ沸点に達しようとしていた。

しかし、社長からの連絡はない。スタッフ連中は一様に押し黙り、私と目を合わさなくなった。

二四日午前九時ころ、イラク人エンジニアのザフェルとファリスがキッチンに来て、「これからスタッフの給料の件で（WS社マネジャーの）ロイに話に行く」と言った。配電担当マジッドを連れて行くと言うので、「（V社の人間である）マジッドを連れて行くと、プロジェクトが終わろうとしていることをなぜ知っているのだ、と問題になる。二人にとってよくないぞ」と忠告しておいた。ファリスは俯《うつむ》いて、「困ったことだ」とつぶやいた。

しばらくして、「ロイが呼んでいる」とザフェルがキッチンに言いに来た。私もWS社の事務所へ。「何事だ？」とロイが握手の手を差し出しながら言った。

「社長は一二月一日に給料が着くように送ると言うばかりで、二五日までに送金するようにメールしても返信がありません。送金手続きをしてから受け取り場所のナシリアまで届くのに四、五日かかるので、二五日がギリギリです。それを言っているのに返事がないので、みんな心配しています」と私。「しかし、我々はどうにもできない」とロイ。

「イラク人がストをやって我々がサービスを続けられないとすると、これはWS社とV社の間の契約に反することになり、WS社はV社に対して何かしらのペナルティを課さなければならないはず」と私。「それはそうだ」と一転して真剣な顔になるロイ。

「その点を社長に言っていただきたい。彼が恐れているのはそのこと。彼を恐れさせないといけません」「よし、ではそれをやろう。イラク人が仕事をしなくても、私も皿洗いをボランティアでやるし、大丈夫だ。食材はちゃんとあるのか？」とロイがやる気になった様子。こうした反応といい、ロイは米国人らしい気さくな物言いをする。「ではそのことをWS社のトップにも話しておこう」とロイは言った。

キッチンに戻ると、ザフェルとファリスがスタッフ連中にこのやりとりを知らせており、イーサがうれしそうな顔で私を見た。しばらくぶりに見た表情だ。夕食後、メールをチェックすると、社長からの返信があった。「二五日に送る。だから頼むからイラクの連中に働くよう言ってくれ」と書かれていた。WS社からの圧力があったのだろう。送金したことを示す送金業者のレシートのコピー画像が送られてきたのは二五日の夜だった。

二六日午前九時ころ、ネパール人ロケンドラに「一週間後に出発だ」と言われ、マークの事務所へ。荷造り中のマークに、「ゆうべイラク人の給料が送られました」と報告すると、「OK。一週間後、月曜日に出発する。一二月三日だ。しかし、実際は五日後の一日。土曜に出る。イラク人には一週間後の三日と伝えておけ」と通知された。一日の出発となると五日後。七日前に通知するという話に反するが、安全管理を任務とする彼らにこれ以上を求めるのは難しいだろう。「一日は早朝に出るから、朝食だけを用意するように」とロケンドラが言った。

レシートのコピーをロケンドラに頼んで印刷し、WS社の事務所を訪ねようとしたところへちょうどロイが出てきたので、「給料が来ました。ありがとう。これはあなたの手柄ですよ」

と言ってコピーを見せた。ロイは顔をほころばせて、「おお、来た？　十分？　うちの会社のトップにまで伝わるようにメールしたんだよ」と言った。WS社幹部の私への心証は悪かったようだが、もはやどうでもよいことだった。

ちょうどイラク人たちが歩いてきた。送金されたことは既にゆうべ話しておいた。料理人イーサがロイと握手をしている。物資と労働力と契約だけが支配する無機質な戦場労働の現場に、人間的な何かが感じられた瞬間でもあった。既に一一月末。焼き付けるようだった夏の日差しはなく、ただまぶしいばかりの初冬の光に変わっていた。

略奪

「こいつらは、取れるものならティッシュの空き箱すら取っていく」

WS社のイラク人エンジニア・ファリスが呆れたように言った。

一二月一日にGRS社が去ったが、WS社はその後も撤収作業を続けていた。警備は同社の安全管理担当の米国人が、別の英国系PMCアーマーグループから派遣されたイラク人警備員五人を率いて、居住区の入り口だけを守っていた。

居住区内には〝略奪〟の嵐が吹き荒れていた。冷蔵庫や調理器具などは、V社に提供していたイラク人業者が回収した。使い切れなかった食材は運びようがないのでイラク人スタッフに分け与えたが、缶詰を取り合って罵《のの》りあうなど、居住区は再び殺伐とした空気に覆われていた。

WS社で長らく働いてきたファリスには、同社の事務所にあったテレビが下げ渡された。これを見たV社のイラク人たちが「俺にもくれ」と詰め寄り、ファリスは「お前たちはWS社の人間じゃないから無理だ」と言い聞かせるのに一日中かかり、へとへとの状態だった。料理人イーサは、V社の何千ドルもするオーブンを「くれ」と私に迫ったが、社長は当然認めなかった。イーサは「前にいたエンジニアのボブが、ポールにそうするよう命じていた。ボブはWS社でお前のボスだから従え」とまで言ったので、私が「それなら俺のボスらしく、未払いになっている給料5000ドルを持って来いとボブに言え」とはねつけると、憮然とした表情で他の獲物を物色に向かった。

アーマーグループの護送部隊PSDで完全撤収する四日の朝には、目を血走らせたイーサらがドライバーを手に各部屋のベッドを解体し始め、WS社のマネジャー・ロイが、「それはイラク軍に引き渡すものだから勝手に持っていくな」と慌てて差し押さえにまわった。料理人ハッサンが「テレビくれ」と蒸し返し、殴りかかりそうな気配を見せたファリスをイラク人数人が取り押さえる場面もあった。

戦争によって大きな利益を得たのは本来いるはずのない米国人たちであり、米軍や米国企業がイラク人に仕事を与えたところで、平穏な暮らしというそれ以上のものを奪われた彼らに

「感謝」を求めるのは筋違いというものだろう。仕事さえ与えればイラク人がおとなしくなる、という考えは、敗戦後すっかり米国になついた日本人から見た発想でしかない。

もちろん、ここのイラク人たちがそこまで自覚して〝略奪〟したわけではないだろう。〇三年四月のサダム政権崩壊直後には、発電所などの生活インフラまでもが略奪されている。これは、有史以来、繁栄と略奪を繰り返してきたこの土地の文化とも言えるのかもしれない。

ロイは「前にいた別の建設現場では、地面に埋めてあった通信ケーブルを掘り起こしてまで持ち去る奴もいた。イラク人にはもううんざりだ。二度と来たくない」と私に言った。イラク戦争によって彼ら企業は確実に利益を上げた。しかし、米英系企業が獲得できた石油利権はごく一部でしかない。イラクにおける反米感情は決定的なものとなり、今後の政権が親米的になるとも考えにくい。負傷兵士への補償を含め3兆ドルとも言われる予算を費やすことになる米国は、巨額の財政赤字に苦しみ続けるだろう。米国はこの戦争で得るものがあったのだろうか。

イラク人たちは、獲物を満載したトラックに乗って慌ただしく居住区を去っていった。

第五章　戦場で働くということ

戦争は「安い命」で

ネパール東部、タプレジュン郡アンベグディン村は、ヒマラヤ山脈、世界第三の高峰カンチェンジュンガ（標高８５８６ｍ）の白い屏風《びょうぶ》のような山塊を望む山深い急斜面に張り付くように存在していた。村の殆ど全てが断崖絶壁と急斜面で、かろうじて幅１、２ｍほどの平らな農地を確保できる比較的緩やかな斜面はことごとく段々畑に覆われ、それが深い谷底まで続いている。眼前を覆う階段状の山肌は、まるで巨大な古代ローマ劇場のような壮観さで私を圧倒した。

同村へ向かうためにはまず、同郡の中心都市タプレジュンを目指すことになる。首都カトマンズや南部のインドに近い都市から飛行機で飛べば早いが、尾根の上の草原を利用した飛行場は天候不良で着陸できないことが多く、週一、二便のフライトは当てにならないうえに予約がなかなか取れないため、バスで向かうのが一般的だ。そのバスは、ネパール南部を東西に走る幹線道路沿いの町を北に向けて出発し、尾根から谷底付近まで壮大に登り下りする曲がりくねった山道をがたがたのろのろと進み、最後の未舗装の登り坂約60㎞に八時間以上もかけて、計約十九時間後にようやく到着する。

タプレジュンは、尾根の上に家々がいくらか密集しているという程度の「都市」だった。幅5m程度の石畳の道が曲がりくねり、両側に木造二階建ての商店が並ぶ光景がのどかなこの「都市」を、周囲の山村の人々は「バザール」と呼ぶ。交易の場を意味するその呼び名は、彼らが農作物を持ち寄り、幾ばくかの雑貨を仕入れる場所であるタプレジュンにとって、「都市」よりもずっとふさわしいように見えた。

自動車の通れる道はタプレジュンまでで、アンベグディン村へは歩いていくしかない。真東へ直線距離にして15kmほどで、登山道のような道沿いに民家は殆どないが、同村へ帰る村人を見つけて一緒に歩いていけば道に迷うことはない。ただし彼らは、距離が長くなってでもなるべく尾根を歩いて上り下りを少なくする、というような面倒な歩き方はしない。尾根も谷も関係なく、地図上の最短距離を進んでいく。尾根から谷底へ、そしてまた尾根へ、標高差1200m以上を、サンダル履きでずんずんと歩いていく。上下する分を距離で換算すれば、尾根を選んで左右に遠回りしても距離は変わらないように思うが、彼らにとってはこの急斜面も平地と同じ扱いらしい。農作物40kgを担いで一日で往復できる「快適な道だ」と彼らは笑って言う。

タプレジュンは標高1820m。アンベグディン村へ向かう途中の峠は標高2400mほど。立派な山岳地帯である。二〇〇八年一一月下旬に訪れた私は、イラク戦場労働以降ずっと身体を鍛えていなかったつけで、片道十五時間もかかって夜の七時すぎにへろへろの状態になってようやく到着した。ネパール人がいかに屈強な働き手であるか、身をもって知ることとなった私は、クウェートの戦場労働エージェントが日本人の私など見向きもせずにネパール人を次々に雇っていたことを、「さもありなん」としか思えなくなった。

このアンベグディン村出身の男性がイラクで誘拐された。チャンドラ・プラサト・ダンギ、三九歳。〇八年九月二五日、タプレジュンの親戚宅に本人が電話をしてきて、殴られているかのような叫び声を何度も上げながら、「誘拐された。大変なことになっている。五日以内に金が来なければ殺すと言っている。早く金を送ってくれ」と泣きながら懇願したという。

チャンドラは〇八年三月にドバイ経由でイラクに入国。北部クルド地域スレイマニアにあるパレスホテルのレストランで、月給200ドルでウェイターとして働いていた。同ホテルは、クルド地域の自治政府関係者や外国人が利用する高級ホテルだ。労働時間は八時間で残業はなし。日曜日が休日だった。電話に応対した弟のラトナ（三一歳）によると、上司の指示でホテルの外の市場に買い出しに出かけたところを複数の男に誘拐され、イラン側に連れ出されて監禁されている、とチャンドラ自身が説明した。更に、チャンドラと電話を代わった男が英語やその他の言語を交えながら1万ユーロを要求し、イランに支店のある送金業者を指定して、送金相手としてイスラム名の男性二人の名前を伝えたという。

誘拐される前にチャンドラが妻のビムコラ（三八歳）に電話で語っていたところによると、彼らが仕事上のミスを犯すと、働いていたレストランのアラブ人マネジャーの命令で、警備員のいるホテルから出て一人で買い物などに行かされていた。同ホテルでは、チャンドラが着任してすぐの〇八年三月、約三十人が死傷する大規模な自爆事件が発生しており、彼はビムコラに電話で「大勢のイラク人が死んだ」などと語っていた。事件の背景の一つとして、治安の悪化を認識したうえで労働者を懲罰的に外出させていた業者側の倫理観の欠如が見て取れる。

九二年に結婚した長男のチャンドラは、結婚を機に父親から幾ばくかの農地を相続したが、〇三年までアンベグディン村の父のマン（六五歳）の家に暮らしていた。マンの土地は石や砂利が多いほか、地形の問題で水を引けないため、ヒエやメイズ（トウモロコシの一種）など雨期に降る雨だけでも育つ収量の少ない作物しか作れない。自給自足はできても、現金収入に繋げるのは難しい状態という。チャンドラの畑からは年間100kgのメイズを収穫でき、市場で売ると1200ネパールルピー（約15ドル）の現金になったが、米100kgが3000ルピー前後かかる状況では食卓は豊かとはいえなかったようだ。

子どもの通う小中学校まで山道を片道一、二時間かかり、将来海外に出稼ぎするために英語をしっかり学べる私立学校もなく、「子どものためにも山の暮らしから離れたかった」と妻のビムコラは語る。〇三年に自分の農地を売り、その金と家族や友人らから集めた借金で南部の平野にあるビムコラの故郷モラン郡に小さな家を買って移り住んだ。しかし、山の中のわずかな農地を売ってつくった資金では地価の高い平地では農地までは買えず、他人の農地で小作をして生計を立てることになった。食費には十分だが、家のローンの返済や、一五歳から一〇歳まで四人いる子どもたちの教育費にまで回すことができず、チャンドラはすぐにまた借金をしてマレーシアに出稼ぎに行き、製紙工場などで四年間働いて家のローンを返済することができた。こうした資金があればアンベグディィン村に一家が食べていけるだけの農地を買うこともできたが、少しでも「良い暮らし」をするために地価の高い平地を選んだのだ。

帰国後の〇七年の秋ごろ、家族や友人から再び借金をして17万5000ルピー（約2170ドル）をネパール人エージェントに支払い、UAEのドバイで警備員の仕事に就こうとした。家のローンも終わり、これから本格的に稼ぐつもりだった。軍人の経験はないが、「警備員になるためにエージェントが軍歴証明書を偽造したのだろう」と弟のラトナは言った。

しかし、ドバイの空港の入国審査を通過できずに十二日間、空港内に寝泊まりするはめになった。ビムコラによると「ちょっとしたビスケットと、トイレの水を飲料水として与えられていただけ。三年間有効の就労ビザを取っているとエージェントに言われていたが、偽物だったらしい。パスポートをエージェントに預けたままで、ビザがあるのかどうかも確認していないのだけど」という状態だった。結局そのままいったん帰国し、五カ月後の〇八年三月、再びドバイに飛んだ。しかし、ドバイの空港で告げられたのは「お前のビザは実はイラクだ。ネパールから二往復した分と、更にイラクへ飛ぶ代金として計5万ルピー（約６２０ドル）を追加で払わなければ仕事の斡旋はできない」という話だった。チャンドラはこれを断り切れず、実家に追加の借金を頼み、イラクへ向かった。契約同意書などのやりとりは一切なく、雇用主の業者名すら家族は知らされていない。ひょっとすると彼自身も知らないのかもしれない。

ラトナは「チャンドラは弟の私たちを食わせ、教育を受けさせるために、自分は十年間ある公教育期間のうちの七年間で学校を辞めてしまった。しっかり教育を受けていれば、エージェントに任せきりにせず、契約書類を確認するとか、ドバイに行く前にパスポートやビザを確認するということもできたのではないか」と目に涙をにじませながら言った。

チャンドラの故郷。2008年11月26日、ネパール東部タプレジュン郡アンベグディン村

「電話を受けたときには家には５００ルピー（約6ドル）すらなかった」というマンとラトナは、タプレジュンのホテル経営者など資産家に頼み、当時のレートで身代金1万ユーロに相当する約１１０万ルピーを集めることができた。しかし、ネパールに支店を持つ送金業者を使っていったんドバイの業者に送金

し、受取人として指定された名前の相手に送るよう依頼したが、「正規の方法ではなく、地下銀行的な方法で送るしかないが、その相手に本当に届くという保証はない」と言われたという。送金先のイランにいるというこの業者の仲間が受取人に金を渡し、いずれこの業者がその仲間に金を送る、といった非公認の銀行取引だ。中東などに滞在している、銀行口座を持っていないネパール人がよく用いているものだが、今回は相手が相手だけに特に難しいらしい。

日本の外務省によると、ネパールの一人あたりGDPは約300ドル（約2万4000ルピー）。110万ルピーは莫大な金額だ。まして現金収入が殆どない生活をしているチャンドラの実家にとっては、あまりに大きな額である。110万ルピーの借金は、一家を路頭に迷わせかねない。それでチャンドラを救出できるならばよいが、金が届くかどうかも定かではない。結局、彼らは送金しないままに、貸してくれた人たちに返金した。

〇八年九月二九日、身代金を催促する電話がかかってきた。ラトナが「送金業者が送れないと言っている」と説明すると、犯人とみられる男が「そんなはずはない。早く送れ。本当に殺すぞ」と脅したという。二五日とこの日に計八回の電話をかけてきたが、その後連絡はない。チャンドラの消息は不明なままだ。マンは「何とか生きて帰ってきてほしい」と涙をぬぐった。チャンドラが誘拐されて以降、夜も眠ることができずに息子の名を頭の中で呼び続けているという。しかし、その息子を助ける手立てがないのだ。

チャンドラの働いていたイラク北部のクルド地域は、クルド民族の自治政府が独自の治安維持を行っており、〇三年のサダム・フセイン政権崩壊後も比較的安定した状態を保っていた。彼の月200ドルという給料は、私が示されたイラク駐留米軍基地内のウェイターの月給約380ドルと比べてもかなり安く、危険度が低いと見なされていることが分かる。しかし、もともと国境を挟まない地続きの土地であり、大油田地帯キルクークの帰属問題などアラブ側との対立要素も抱えており、たびたび自爆事件が発生するなど次第に緊迫度を増しつつある。軍事施設での労働ではないが、イラク戦争による混乱の影響を受けている地域と考えれば戦場労働の一環と考えてよいだろう。チャンドラが送り込まれた先がたまたまクルド地域だっただけで、爆弾が降り注ぎ、拉致の危険性もあるイラクの米軍基地などで働いているネパール人と境遇に大差はない。イラク戦争がどういった人々によって支えられているかを示す一例にはなる。

私がイラクの職を得るまでに二カ月半かかったが、第一章でエージェントが触れたように、敬遠された理由の一つは「日本人だと誘拐されたり死んだりしたときの補償金が高いから」だった。そこでは〝命の値段〟がシビアに計算されていた。イラク戦争を支持した日本から殆ど現場に行っていないのは、日本人側にもそうした計算が働いているからだろう。

イラク戦争は百数十万円であきらめざるを得ない人々の「安い命」によって進められている。この「格差」がなければイラク戦争はできなかったのは確かである。「格差」を前提にしているのがイラク戦争である、と言い換えてもよいだろう。

戦争の民営化と戦場労働

なぜ戦争の民営化が進んできたのか。おさらいしておこう。

九〇年代、ソ連の崩壊で東西冷戦が終結し、各国は軍拡競争から軍事予算削減へと向かって数百万単位の兵士や軍事・諜報関連の専門家が職を失ったほか、旧ソ連製の兵器も市場に流出した。グローバル化の時代へと入り、物や金、人を効率的に動かすための規制緩和の流れから、あらゆる公的サービスの民営化が進められ、軍事においても特に後方支援業務は民間へと委託されるようになっていった。常時牽制《けんせい》しあうために規模を維持しなければならなかった時代は終わり、必要なときに発注して態勢をつくれるような柔軟性と効率性を好むようになった。

グローバル化する世界経済は富と貧困を生み出しつつ、資源への関心を高め、各地に紛争を生み出すようになっていったが、超大国の対峙という構図がなくなり、特に米国の第三世界への政治的関心が薄れる中で、紛争当事者は金で雇えるPMCを雇って戦力とするようになった。PMCは職を失った軍人らが設立し、時には戦闘機まで操って正規軍に代わる役割を担うようになった。そして、イラクにおいて、そうしたPMCを使いながら、兵站部分を民間企業に任せるかたちで民営化への流れが一気に拡大した。

米軍の後方支援業務の民間委託に熱心だったのは、湾岸戦争を行った父ブッシュ大統領政権時代に国防総省長官を務め、イラク戦争を始めた息子ブッシュ政権で副大統領に就いていたリチャード・B・チェイニーである。八五年に始まったLOGCAP（民間兵站増強計画）と呼ばれる後方支援部門の民間委託プロジェクトは、チェイニーが国防総省長官だった時代の九一年の湾岸戦争で具体的に実施された。父ブッシュ政権は九三年に終わり、チェイニーは九五年から二〇〇〇年まで、LOGCAPの研究から実施まで請け負っていた石油関連企業ハリバートン社のCEOの座に就いていた。〇七年まで同社の子会社だったKBR社は国防総省と独占的な契約を結んで、九九年のコソボ紛争などで後方支援業務を請け負ってきた。〇一年に息子ブッシュ政権が始まるとチェイニーは副大統領として政界に復帰。ハリバートン社は「テロリスト」容疑者を収容するグアンタナモ収容所の増設を請け負ったほか、KBR社は、イラク戦争開戦前の段階から後方支援や油田関連の業務請負契約を入札なしで結び、160億ドル以上を得て大幅な増収を記録した。

民間団体「ハリバートン・ウオッチ」によるとハリバートン社役員による〇四年六月までの政治献金額は約30万ドルで、99％はブッシュ政権の共和党の国会議員候補に渡った。同社の政治資金団体も13万3500ドルを献金し、90％は共和党向けだった。不透明な契約過程は、サダム・フセイン政権がアルカイダとの関係や大量破壊兵器を持つという偽りの大義を掲げてまで行ったイラク戦争の開戦過程にも疑問を抱かせるもので、戦争という政策の決定過程から営利を狙った民間企業の影がちらつくことからも、単なる民間委託ではなく「戦争の民営化」というとらえ方がされている。

イラクにおいては、六百三十を超える民間企業が米国防総省や米国務省、米国際開発庁と請負契約を結び、基地や大使館の建設、警備、物資輸送、給食、洗濯、車両整備、売店やスポーツジムの運営のほか、「テロリスト」容疑で拘束したイラク人の尋問や拷問、容疑者の暗殺まで担っている。実際には、私がディワニヤで働いていたV社のような零細業者が下請けをしており、そうした業者を合わせるとその数は数千社にも及ぶ。

米議会予算局が〇八年八月に公表した報告書によると、この時点でイラク国内の米国関連の業務に従事していた民間人は約十九万人おり、当時の米兵数約十六万人を上回っている。民間人と米兵の人数の比率は、総力戦となった第二次世界大戦時で一対七、ベトナム戦争でも一対五で、十万を超える規模での戦争で米兵と同数の民間人が現場に投入されたのは米国史上初めてのことだ。民間人約十九万人のうち、米国人が三万八千七百人で、イラク人が七万五千人、米国以外の国出身者が八万千人。この三つ目のグループに分類されるのが、企業の管理職や指揮官クラスに就いている英、豪、南アフリカなど先進国の出身者と、末端労働を担っているネパール、インド、パキスタン、バングラデシュ、スリランカ、フィリピン、フィジー、ガーナ、ウガンダなどアジア・アフリカからの労働者である。

国防総省との契約者十四万九千人のうち、八万人は施設管理や給食などの基地運営に、三万人は建設業務に携わっている。国務省と契約している六千七百人のうちの40％は、ＰＭＣブラックウオーター社が担っていたような米政府要人の警備に就いている。

米国防総省などによると、〇八年末までの民間人労働者の死者数は千三百六人。〇九年六月までに二万二千人が負傷し、約千四百人が死亡している。特にアジア人やアフリカ人に死傷者が出た場合には業者が報告していない場合が多いと見られており、その実数は把握されていない。戦場での死傷者への保険に米国政府は15億ドルを投じているにもかかわらず、そうした人々の殆どは受け取ることができていない。いったん帰国させてしまえば、外国にいる雇用主は無視を決め込む場合が多いという。労働者は、使えなくなれば取り替えればよいという部品でしかない。そのためにも米国の政治に影響のない「安い命」であることが望ましいわけだ。

父ブッシュ政権で国務省政策企画局長を務めたリチャード・ハースは、イラク戦争を「選択の戦争」と評した。「大量破壊兵器所有」や「アルカイダとの繋がり」などの偽りを並べながら、他にも選択肢がある中であえて戦争という道を選んだという指摘だ。だからこそコスト削減と被害の軽減が求められ、最低ランクの米兵よりも更に半値に近い報酬でアジア・アフリカから労働者を集め、たとえ死んでも戦死者の数に数えないことで表向きの被害を抑え、政治的な批判を避けられる効果も伴う「民営化」が拡大することとなった。

軍縮が進みすぎると困る米国の軍事産業としては、兵站部分の民営化は、逆に戦闘部門の規模を維持するための手段でもあった。そして、その規模を維持・拡大するための名目としてソ連に代わる新たな脅威が必要だった。せっかく東西対立がなくなったのに新たな戦時体制を組むことを米国民に納得させるには、真珠湾攻撃のようなショックを与える必要があったところへ、〇一年の9・11事件が発生。「テロ」という定義のない言葉を使うことで世界中に自由に敵を設定し、それに対応するための米国を中心とした世界秩序をつくりあげる手段として「テロとの戦い」をぶち上げることに成功した。国際的な定義や共通認識のない「テロ」を組み込んだこの言葉は、国際協調ではなく単独の判断で行動する米国の方針のキャッチコピーである。委託を受けた民間企業が最も儲かるのは、金に糸目をつけなくなる戦時においてだ。そして、行うこと自体に最大の意義があるその戦争の相手としておあつらえ向きだったのが、独裁国家イラクだった。

営利企業がもたらす混乱

ディワニヤのイラク軍基地建設現場を警備していたGRS社は、バグダッド国際空港の警備も請け負っているが、〇五年六月下旬、「二月から契約金が払われていない」として、「ストライキ」と称して空港を閉鎖した。空港警備の契約は、当初はCPAと結び、〇四年一一月からはイラク暫定政府、〇五年四月からは、同年一月の総選挙で発足したイラク正式政府と相手が代わったが、契約事項はCPA時代のものが無条件に継続された。これに対し、イラク政府は「CPAと結んだ月450万ドルの契約を、交渉なしに継続しようとしている」ことを支払い停止の理由とした。同社は二日後に閉鎖を解いたが九月上旬にも再び「半年間未払いのため」として閉鎖。イラクのイスマット・アマル運輸大臣は「イラクの主権に関わる問題で、イラクの空港を閉鎖する権限は誰にもない」と非難し、閉鎖解除への圧力と、自ら警備するためにイラク軍を送り込んだが、米軍に阻まれたため、「衝突を避けるため」(同大臣)に退いた。

治安の悪化で陸路での移動が困難な状況にあって、空港は国外と繋がるための特に重要なインフラである。空港の運営そのものを左右させる同社の存在は、単なる業務委託先という範《はん》疇《ちゅう》を超えている。金のために他国の空港を閉鎖したPMCとそれを擁護したかたちとなった米軍に対し、イラク側が不信感を募らせても不思議はない。

イラクの復興事業費のうち、米国政府の試算では約22%、国連関係の調査では約40%が警備関連に費やされているという。ディワニヤの建設事業は米国のWS社が担い、その警備をGRS社が請け負っていた。しかし、建設現場を歩いた私の印象では、特別な技術や資材を必要とする建設事業とは思えなかった。工業プラントでもなく、特別に頑丈な建物を造っているわけでもない。同社に基地建設の実績があるのは分かるが、米国人スタッフを置き、これを警護するためにPMCと契約し、彼らの生活環境を整えるための業者を雇うコストを考えると、イラク業者に行わせた方がよほど経費も少なく、イラク国内に落ちる金もはるかに大きかったのではないかと思う。米軍基地ならまだしも、イラク軍基地の建設まで米国企業に行わせる必要はなかったのではないか。末端労働者と彼らを指揮するエンジニアにはイラク人を雇っていたが、利益のうちのはるかに大きな部分が外国の業者に持って行かれている。

私の同僚のイラク人たちは「仕事さえあれば誰も民兵になんかならない」と言っていた。イラクの混乱の大きな要因として、フセイン政権崩壊後に急増した失業者に職を提供できなかったことが挙げられる。仕事のない人たちが不満を募らせ、反米闘争に誘われて民兵に加わる、という構図があることを考えれば、占領国が自国の民間業者にほぼ独占状態で復興事業を請け負わせたやり方も、イラクの混乱を招いた一因と言えるのではないか。あえて外国企業を使ったことで復興が進んだわけでもない。占領後、生活インフラの復旧が進まず、人々の苛立ちを煽り続けてきたことも混乱を招いた大きな要因だ。

米国系エネルギー関連企業のベクテル社は発電所復旧などの事業で20億ドルを超える契約金を手にしながら、戦前の水準まで戻すことすらできずに〇六年に撤退した。電力供給量は〇八年の段階でも戦前以下。私が開戦前からなんども訪れていたバグダッドのドーラ発電所で同社は、老朽化の進んでいたドイツ製の発電所の設備を全て自社製に換えようとしたが、全体構造まで換えなければならないことが分かり、コントロールシステムだけでも換えようとしたものの、異なるシステム同士を合わせるのは容易ではなく、結局それすら殆ど進まなかった。

バグダッドの必要電力の三分の一をまかなっていたドーラ発電所は、イラン・イラク戦争でミサイルを撃ち込まれて半壊した際には、二年後に新たに建設され、巡航ミサイル5発をコントロール室など主要部分に受けた湾岸戦争後も、五カ月後には復旧した。いずれもサダム・フセイン政権時代である。だが、老朽化は進んでいたが施設には殆ど被害のなかったイラク戦争においては、営利企業が自社の利益を最優先させたがために復旧が滞り、一日に数時間程度の通電しかしない状態を引き起こしてイラク人の怒りを招いた。

〇三年のサダム政権崩壊から一週間後には、市内の人々からは生活インフラの復旧を望む声を多数聞いたが、何年たってもそれが実現しないという状況では「暴利をむさぼる占領者」との烙印を押されてもやむをえないだろう。外国企業は攻撃対象となり、PMCによる護衛が必要になってコストがかさみ、ますます復興事業が滞って、更にイラク人の怒りを煽った。特に戦後復興においては、人道的な側面と人心掌握のためにも、民間企業であっても社会的責任の面を重視した公的な貢献が必要なはずだった。営利のみを追求する企業に任せきりにした占領体制のあり方、ひいては公共性よりも効率性を重視する「民営化」によって成立していたイラク戦争そのものに構造的な欠陥があった。

戦争の歯車

「民営化された戦争」において重要なのは、戦場向けに作った機材やシステム、訓練された兵士から、一般社会で用いられている特別でもないものに転換することだ。そうでなければ効率性は上がらず、コストの削減はできないし企業は利益を得ることができない。つまり、「民営化」の意味がなくなってしまう。

実際の労働については、これまでに紹介した通り、特別に戦場らしい労働をしているわけでもない。基地の中での労働や生活環境も戦場ならではというほどのものではない。従って、労働と生活からは「戦場にいる」という意識を持つことはまずない。一般社会でコンビニや居酒屋などでアルバイトをしているかのような感覚で、決められたとおりに働き続けるだけである。つまり、これは訓練を受けているわけでもない労働者を集めるうえで大事な点だ。日本人が語りたがる「覚悟」のような精神論など現場は求めていない。

当然、自らの労働が戦争を動かしていると実感することもまずない。本来、兵士が食事をできなければ戦闘はできないのだから、料理をするか、引き金を引くかは、軍事作戦を行ううえでの単なる役割分担による違いにすぎない。基地内でのあらゆる作業が、銃弾によって人を撃ち殺すための仕組みとして存在している。一人の戦闘員を、百人で後方支援するのが軍隊というものだ。しかし、その百人は多くの場合、作業の「結果」に触れることはなく、労働内容は一般社会と大差ないだけに、参加意識を持つことは難しい。持つとしても、接しているのは米軍側だけなのだから、そちら側に感化されていくのは当然の成り行きだろう。私の接した基地労働経験者たちの殆どは「敵はただのテロリスト」という認識だった。

無意識のままに心身ともに戦争の歯車となっていく。それが戦場労働である。

「自己責任」だから戦場へ

イラクで誘拐されたネパール人、チャンドラ・プラサト・ダンギの妻ビムコラは、地元の国会議員に相談し、ネパール外務省や国内の政党、赤十字などに救出を懇願したという。プスパ・カマル・ダハル首相（当時）への面会も求めたが果たせず、結局、政府をはじめその他の組織も具体的な救出活動は行っていないようだ。「共産党毛沢東主義派（マオイスト）」である現政権与党の統一共産党は、米国政府からは「テロリスト」とされており、イラク駐留米軍やイラク政府、親米の立場を取るクルド自治政府との緊密な協力体制を組めるとも考えにくい。

ネパール政府は〇四年以降、自国民のイラクへの渡航を禁じており、たとえ誘拐されても「自己責任」という位置づけをしている。

約十年間続いた内戦によって、ネパールの社会的インフラは崩壊し、超「自己責任国家」になった。警察、国軍が紛争の当事者であり、マオイストと疑われた市民は逮捕され、拷問されて、そのまま帰ってこないという事例が多数出て、国家による治安維持体制は信頼をすっかり失った。電気、水道などの生活インフラの整備や運営は滞ったままだ。経済情勢が悪化し、内戦からの避難と雇用を求めて海外へ働きに出る人々が激増した。医療保険制度や年金制度もない。自らの安全と将来の生活は自ら守るしかない。

〇六年の和平成立後、ヒマラヤトレッキングの外国人観光客も戻ってきたが、それ以外にこれといった産業もなく、出稼ぎ熱が収まる様子はない。同時に、ネパールでは教育熱も高まっている。子どもを愛するがためだけでなく、将来にわたって家族が収入を得るためでもある。将来の安心を得るには、自らの責任で未来への投資をするしかない。公立の小中学校には教材費を負担すれば通えるが、あくまで基礎教育の範囲で、海外で通用するほどの英語を学ぶことはできない。それに対し、3000〜6000ルピー（約40〜80ドル）以上の月謝で幼いうちから英語や様々な専門技術を学べる私立の小中学校、大学が乱立している。親や親戚が海外で稼いでいれば子どももより高度な教育を受ける機会を得ることができ、将来の出稼ぎ機会の獲得に繋がっていくという格差の連鎖が起こっている。

そうした中で、目の前の一時的な危険を冒すことを厭わない人々がいてもおかしくはないだろう。給料は安いが安全なクウェートなどで働く手もあるが、出稼ぎの機会がいつでもあるわけではないし、その機会があるうちに可能な限り稼いでおきたいと考えるのも無理はない。稼ぎが大きければ家族と離れて暮らす期間が短くてすむ。ある程度の将来への安心がなければ、地道な労働にいそしんでもいられない。そうした「自己責任社会」においては、戦場に出向いてでも稼ぎたい、という人が出てくるものだ。

日本も「自己責任社会」を目指すならば、こうした側面も受け入れざるを得ないことになるだろう。「戦場に行くなら自己責任」ではなく、「自己責任だから戦場に行く」のである。

戦場で一攫千金《いっかくせんきん》を狙う

ネパール東部、モラン郡の中心都市ダランは、十九世紀初頭にネパールに侵攻した英軍が陣地を築いた場所として知られている。勇猛で狡猾なネパール軍に打ち破られ、攻略に失敗した英軍は以後、ネパール人部隊を一角に加えるようになった。ダラン市内西部には、英軍で月給数千ドルというネパールでは破格の報酬を得た人々が築いた、大きな庭付きの三階、四階建ての洋風の豪邸が立ち並んでいる。日本などへの出稼ぎで財を築いた人々もこの高級住宅街に居を構えており、木造平屋の家屋がひしめき合う他の区域とは一線を画して、まさに「成功者の街」といった様相を呈している。

この住宅街の一角に住む四五歳のジートは、一五歳年下の妻と六歳の娘を残してイラクへ向かった。〇七年三月末に彼がクウェートからバグダッドへ飛ぶまでの約半月の間、私は彼と何度か立ち話をした。彼は、以前は高級住宅街で電気配線などの仕事を得ていたが、内戦のあったこの十年は殆ど仕事がなかったという。その間に若い妻と娘を得た彼は、何とか周囲の豪邸に住む人々のような暮らしをさせたいと思ったようだ。私がダランを訪れた〇八年一一月の時点でジートはまだバグダッドにいた。妻サットによると、当初は建設労働者だったが、経験を生かして電気技師として再契約し、約380ドルだった月給は600ドルになったという。

彼の家は空き地の真ん中にぽつんと建っていた。ベニヤ板を貼り合わせたような木造平屋にトタン屋根。四畳半ほどの二部屋の外に小さな台所があった。部屋の天井は黒いビニール張りで、周辺の豪邸とは見事に対照的だった。しかし、部屋の中では、32インチの大画面テレビがインドの衛星チャンネルを映し出していた。不釣り合いなように見えるこのテレビは、ジートがイラクで稼いだ金で買ったのだという。十九カ月間の労働で、イラク行きのために支払った斡旋料分は既に取り返し、毎月資産が増える段階に入っている。「彼がイラクで稼ぐというなら尊重する。いつ帰ってくるのか分からないけど、大きなお金が手に入ったら、この近所にあるような大きな家を建てたいの」とサットは大きな目をくりくりさせながら言った。

サットが望んだので、私がイラク労働中に録音した、迫撃砲攻撃による爆音と機関砲の射撃音を聞かせると、「毎晩5発は砲弾が飛んできて、そのたびにシェルターの中に飛び込んでいる、という話を手紙や電話で聞いている」と言って目に涙をにじませ、小指の先で左、右と目頭を押さえた。ジートは、こうしたリスクを知ってからも、大きな報酬を失ってまでイラクから出国しようという気にはなっていないようだ。サットも、夫が「成功者」となって帰ってくるのを待ち望んでいる。

首都カトマンズに住む三二歳のサンカルは、ともにイラクで働いた義兄と三階建ての住宅で暮らしている。もともと持っていた土地に、イラクで稼いだ金で新築した家だ。〇二年一一月からクウェート国内でトラック運転手の仕事をしていたが、〇四年九月からクウェートからイラクの首都バグダッドなどへ輸送する業務に就いた。契約していたクウェート業者から「イラクで働くか、辞めてネパールに帰るかと問われ、トラック百台ほどで走る車列に米軍の護衛がつくと聞いて、それほど危なくないと判断してイラク行きを決めた」という。月給は150KD（当時約六万円）からほぼ倍増の1200ドルになった。バグダッドまでは往復七日間、中部のバラドにあるキャンプアナコンダまでは同十五日間で、一度往復するたびにボーナス50ドルを貰った。平均して月二往復で、月給は実質1300ドルだった。

トラック三十台おきに米軍ヘリが、十台おきに米軍車両が護衛についたが、移動中に路肩爆弾が炸裂したり、二度の銃撃戦に巻き込まれたりと安全とは言い切れない状況で、同じ車列にいた従兄弟は銃弾に割られた車のガラスの破片が刺さって怪我をしたという。サンカルは休暇で帰国した際に結婚し、妻の家族から止められてそのまま辞めた。その後は、貯めた資金で自動車を買って個人でタクシー業を営んでいる。

約二十九カ月におよぶイラク労働で稼いだ額は3万8000ドルほどになる。サンカルは「実際にイラクで働いてみると、ネパールであれほどの稼ぎを得ることはできないことを実感する」と話す。自身はイラクから去ったが、義兄の息子は今もバグダッドで給食業者の事務所で働いている。イラクでならば短期間で「成功者」になれることを知っているからだ。ネパールの物価を日本の十分の一程度とすると、サンカルが得た報酬は単純計算で38万ドル（三千八百万円）の価値があることになる。戦場労働の価値は日本人にとってよりもはるかに大きい。

イラクで米軍の委託業務を行うということは、イラク戦争に加わるということだ。それを問うと、サンカルは一瞬言葉を詰まらせたが「会社から言われたから米軍のために運んだだけ。武装勢力側に運べと言われたら運んだ」と答えた。ほぼ全員の戦場労働者に共通しているが、戦争はあくまで稼ぐための場でしかない。

イラク戦争開戦当初は、クウェートなどの中東で働いていた労働者が、雇い主の命令でイラクへ向かうという場合が多かったようだが、その後、生きて帰って「成功」している人が身の回りに実際にいるのを見て、自ら望んでイラクを目指す人が急増した。イラクに行くことができるのは、２０００〜３０００ドルという斡旋料を払えるだけの資産のある人だ。ネパールにおいては莫大な額である。しかし、そうした資産があるとはいっても、多くの場合、イラクで誘拐されたチャンドラのように自給自足か小作農のような状態で、決して暮らしが楽なわけではない。一定の危険性はあっても、数年がまんして働けば一生働いても見ることすらできないような金を手にすることができるならば、運を試してみようという気にもなるだろう。

環境の変化も背景にある。約十年間の内戦が続いていたネパールにも、近年は安価な電化製品が隣国の中国から流入して、山奥のタプレジュンの村々ですら外国の衛星放送を受信できるようになった。〇六年の和平成立後、首都カトマンズにはかつてなかった地上二十階建て以上の高層マンションの建設が進んでいる。市内には大型液晶テレビや、食堂の一食分の食事よりも高価なチョコレートなどを売る高級百貨店もオープンした。「金さえあればこれだけのものが手に入る」という具体的な提示が、ますます出稼ぎ熱を煽っている。

ダランに住む二二歳の若者は、「夢はアメリカンライフ。大きな家があって、よい食事ができて、金に困らないような生活をしたい。金さえあればどんな楽しみも味わうことができる。勉強なんかいらないから、少しでも早く稼ぎたい」と語っていた。物がない時代が続いてきただけに、物質的な豊かさを追い求める価値観が広がっているようだ。

金のために命を賭けようという人はいつの時代にもいるものだが、イラク労働の場合、その報酬は月額数万円から多くても十数万円程度。彼らにとってこれが「一攫千金」になり得るのは、経済格差と所得格差が存在するからだ。消費を煽りつつ格差を広げ、そこに生まれる欲望を燃料としているのが米国の戦争である。欲望うずまく戦場労働は、奪うだけ奪った者が勝ち残るという現代における経済、社会、ひいては人間のありようを象徴している。

日本人が戦場へ出稼ぎに行く時代

〇八年二月に約一年ぶりにイラクから帰国すると、日本では「ネットカフェ難民」が話題になっていた。その年末には、金融危機と世界同時不況の中で日本でも「派遣切り」が広がり、年末年始には行き場を失った彼らを支援する「派遣村」が耳目を集めた。飢え死にはしなくても、いくら働いてもわずかな蓄えすらできない、というワーキングプア状態にある人々が増えているという。派遣労働者が契約を切られるなどで一度住む場所を失えば、もはや仕事も部屋も手に入らない、といった負の螺旋《らせん》階段が社会の仕組みとして存在する。この出口の見えない閉塞《へいそく》感に比べれば、戦場における一時的な緊張感など、どうということはないように思う。

総務省の統計では、〇八年の役員を除く雇用者の総数は五千百五十九万人で、うち非正規雇用が千七百六十万人の34・1%。総数は九八年よりも百九十二万人増えているが、正規雇用者数は三百九十五万人減り、非正規雇用は23・6%から10ポイント以上増えた。非正規雇用者のうち、年収三百万円以下が九割、二百万円以下が八割弱を占める。〇九年七月の失業率は5・7％と過去最高を記録している。低所得・無収入層が増えていることは間違いないだろう。年間の自殺者は〇九年までに十二年連続で三万人を超えた。

こうしたニュースを見ながら考えたことがあった。

イラクで働くという可能性はどうだろうか。

イラク労働では、建設労働者や料理労働者で月給三万五千～五万円ほどと額面だけを見ると安いが、食事と寝床は業者側が用意する。この間は食いっぱぐれることも寝場所に困ることもないし、二年も働けば「フリーターには夢のまた夢」とも言われる百万円の貯金も不可能ではない。トラック運転等、何がしかの技術があればそれだけ報酬の額も上がる。英語の勉強にもなるし、労働証明書を貰えるので、外国でも通用する経歴として役立つ。あくせく働いても手元に何も残らないような労働を日本でするよりも、将来への可能性は大きいのではないか。

個人で職を探すのは苦労するが、団体ならばかなり容易になる。労働者をまとめやすいのでどの業者も同じ国の人をそろえて雇う場合が多いし、個人でいきなりエージェントに接触するよりは疑われにくい。職種にもよるが、一人でも英語のできる人間がいれば十分なので、垣根はかなり下がる。現地のエージェントや業者と繋がりのある人が手続きを代行し、ネパール人らのようなパックツアー形式にしてしまえば、煩雑さも解消できる。閉鎖環境にあっても日本語で話す相手がいるのだから、精神的には楽だろう。

職を得るうえでの最大の問題は、末端労働者としてネパール人やフィリピン人と張り合えるかどうかだ。日本人には高度な技術者のイメージがあり、そうでなければ評価はかなり下がる。平均的に見て体力面で彼らよりも劣るため、技術のいらない末端労働者としての質は高いとは言えず、あえて雇って貰うには更に低い報酬に甘んじるしかない。日本の物価を考えれば、同じ報酬を貰ってもその価値はネパール人やインド人と比べても五分の一〜十分の一にしかならないが、日本人の単純労働者としての価値はその程度でしかないというのが現実である。

現地へ行くためには航空券代など初期投資は必要だ。手続きを自分でしないならば、当然手数料を請求される。少なくとも二十万円程度はかかりそうだ。その時点で苦しい人も多いだろうが、月々の報酬から分割で払っていくという方法もある。

もちろん、戦場労働には相応の危険が伴う。千四百人の死者と二万人を超える負傷者が出ているイラク労働が安全とは言い難い。戦場労働の心身へのストレスもかなりのものがあるが、それが当たり前の場であることや、期間限定であることを認識すれば、将来の見えない日本での暮らしよりは気楽なのではないか。日本の国内でも危険を伴う労働はいくらでも存在する。

「恐れ」による歯止めなど簡単に外れるものだ。

イラク戦争に反対してきた人にとっては、戦争に加わることになる戦場労働に抵抗があるだろうが、自らの払ってきた税金は既に戦争のために費やされているのだから、日本国民はすでにして十分に参戦している。いっそ払った税金を取り戻して来るくらいのつもりで行ってはどうか。イラク戦争に賛成の人なら、労働を通して協力できるのだから抵抗感を抱く必要はないはずだ。

無事に帰国した後に私がイラク労働についてブログなどに書いたところ、「何もなかった」にもかかわらず「何かあったら政府に迷惑だ」「日本から出て行け」といった匿名のメールが届いた。現場行きをためらわせる最大の圧力はこうしたものへの恐れだろう。

イラク戦争を動かすための基本的な部分を民間人に担わせているのだから、イラク労働はいわばイラク戦争の公式プログラムである。そのプログラムに参加することを「迷惑」と考えているならば、イラク戦争そのものを否定していることになってしまうが、日本政府はそうした様子は一貫して見せていない。この「迷惑論」は、論理性も具体性もないが、何となく他人を叩く、日本独特の「空気」というものだ。

日本で格差が広がってきたのは特に九〇年代以降の現象だ。終身雇用や年功序列など従来の雇用形態を解体して成果主義を持ち込み、規制緩和によって市場原理主義を徹底させ、相互扶助機能のあった日本型共同体構造を米国型「自己責任」社会へと変えてきた結果である。同時に、「国際貢献」と称して自衛隊を海外に派遣し、かつては経済と民生に投じてきた予算を軍事に振り向けるようになってきた。この間、日本経済は停滞を続けている。そうして日本型共同体が解体され続ける中で、幻想の中の「日本」に人々をつなぎ止め、将来への不安を精神論で耐えさせようと煽られてきたのが「愛国心」であり、「空気」である。米国のような個人の自由も権利も認められはしないが、米国並みの「自己責任」だけは負わなければならない。日本の閉塞感とはこうした矛盾からきているのではないか。

米国の設定した新たな「脅威」である「ならず者国家」「悪の枢軸」の一つ、北朝鮮に日本人はおびえるようになった。そのおびえようは、ソ連という大国と接していた時代の比ではなく、「冷戦が終わってもやはり米国についていくしかない」という認識が植え付けられた。北朝鮮がたびたびミサイルを撃つのは「脅威」としての存在意義を理解したうえでのことではないか。日本政府も、わざとなのか本気なのか、この設定に乗り続けてきた。

イラク戦争は米国型社会の象徴であり、冷戦後の米国戦略の帰結である。日本政府のイラク戦争の支持と自衛隊派遣も、米国型社会を目指し、新たな「脅威」におびえる中での当然の流れだった。「迷惑論」はあくまで過渡的なものであって、この流れが加速し、定着すれば、「愛国心」と「空気」は戦場へ「行くな」から「行け」へと変わっていくだろう。そのときのために用意されてきたのが格差である。仕事がないなら戦場へ行け、ということだ。

政府側でも受け入れ体制を整えている。自衛隊でも「民でできるものは民で」を合言葉に、給食事業や車両・船舶整備などを請け負う民間人を〇七年の二百三十人から一〇年には約千九百七十人まで増やす、という数値目標を掲げている。イラク派遣は初の戦場活動で、自衛隊員の安全確保に神経をとがらせていたほか、「民間ではできないから自己完結型の自衛隊で」という理屈で派遣した手前、民間人を入れるわけにはいかなかった事情もあっただろう。しかし、クウェートへは空自のメンテナンス要員として民間の日本人が派遣されており、イラクのような現場にまで入るのは時間の問題ではないか。戦場活動の実績がつくられ、〇六年の自衛隊法改訂では海外派遣が付随的任務から通常任務に格上げしており、今後も海外派遣の機会は増えていくだろう。自衛官に一日三万円という危険手当を支給しながら食事まで作らせるような〝非効率的〟な体制をいつまでも続けるとも思えない。

日本人の戦場労働者を受け入れる環境は、社会的、経済的背景も、手段においても既に整ってきている。戦場労働が生きていくための選択肢の一つになるような状況が遠からず来るかもしれない。

少なくとも結果としては、「戦争をやるのは構わないが、外国人にやらせておけ」というのがこれまでの日本人のやり方だが、これは格差の「上位」にいる者の感覚で、日本人もそれを言っていられる状況ではなくなっているのが実情ではないか。

日本では〇九年の総選挙で、日本社会の「米国化」とイラク戦争の推進をしてきた自民・公明両党が破れ、民主党中心の新政権が誕生した。労働者派遣法の改定や日米関係のあり方の見直し、「東アジア共同体」の提案など、従来の政権とは違った方向性をうたっている。実現するならば、構造的に日本人を戦場労働に向かわせる路線が改まる可能性はある。しかし、中国やインドなどの成長を考えれば日本経済が再びかつてのような隆盛を誇ることは考えにくいし、労働力のグローバル化が進み、労働者としての国際的な競争に日本人もさらされれば、戦場労働という選択も現実的なものになるだろう。

戦場へ行くことが当然の「空気」となる前の、「迷惑」と言われる段階だからこそ、現場を見てくる価値はあると思う。日本の「空気」と、戦場に行くことの意味を考えざるを得ないからだ。格差と戦争の関係を意識する機会になるだろうし、戦場に慣れることによって、不必要に「脅威」におびえることもなくなるだろう。戦後六十年がすぎ、戦争を知っている日本人が年々減っていく中で、現場を知る人間が増えることは、空論に踊らないためにも社会にとって有意義だ。

現代の戦争は格差がなければ行うことができない。戦争に関心がないということは、格差をも受け入れているということだ。もしも、戦場に行きたくないという気持ちが少しでもあるならば、戦争をさせないということを真剣に考えるべき状況になっているのではないだろうか。

おわりに

インド北西部ヒマーチャル・プラデーシュ州。ダライ・ラマ十四世のチベット亡命政府が拠点を置くことで有名なダラムシャーラを目指す外国人観光客は多い。そのダラムシャーラからほど近い小さな村に激震が走ったのは、〇四年七月のことだ。

同州ウナ郡ダランプール村出身のティリック・ラジ（四四歳）は、クウェートからイラク各地の米軍基地などに物資を運ぶトラックの運転手をしていたが、同年七月二一日、輸送コンボイが襲撃を受け、他の六人の仲間と共に拘束された。イラク中部ファルージャにさしかかったところを何人かの人々に止められ、護衛していたイラク人中心のスタッフが「どこへ向かっているのか」と聞かれ、説明しているうちに銃撃戦となった。護衛は逃走したが、ティリックらは三十～四十人の覆面をした人々に包囲されてどこかへ連れ去られた。

すぐに「黒い旗を持つ者たち」というあまり知られていないグループが声明を出し、雇い主のクウェート業者クウェート&ガルフ・リンクス社に対して身代金を要求した。同僚でやはりウナ郡のデラン村出身のアンタリヤミ・ムルティ（三〇歳）が、オレンジ色のつなぎ服を着せられた映像がインターネットに流され、ウナ郡だけでなくインド全土が騒然となった。そのつなぎ服は、米軍がイラク人を収容して拷問・虐待を加えたアブグレイブ刑務所で使用されていたもので、反米武装組織が外国人を拘束し、この服を着せて処刑する映像がたびたびネットに流されていた。事件を知ったアンタリヤミの地元の住民たちが、幹線道路を一時間にわたって封鎖して、救出を求めるデモを行った。

ティリックによると、監禁場所はどこかの町の近くにあるアパート内で、窓は内側から覆われていた。ネットに流れた映像は深刻な事態であることを物語っていたが、武装したイラク人に監視されていたものの、暴行を受けることもなく、むしろ紳士的な扱いを受け、食事は肉料理を中心に三度与えられたという。

インドはイラク戦争には関わっていなかったが、インド国内では政府に対し、彼らを救出するよう求める声が広がった。インド政府はクウェートの業者に、5億インドルピー（当時約二億円）の身代金を支払うよう圧力をかけたといい、実際に支払われた額は不明だが、拘束から四十二日後、同時に拘束されたインド人三人、エジプト人一人、ケニヤ人三人はいずれも解放されて帰国した。インド人三人には帰国後、ヒマーチャル・プラデーシュ州のヴィルバドラ・シン首相からそれぞれに10万ルピー（約二十五万円）、カナダ在住のインド人会からもそれぞれに20万ルピー（約五十万円）の見舞金が届けられたという。

ティリックはもともとインドでトラック運転手をしており、首都デリーなどに農産物等を輸送して月に4000～1万ルピー（当時約一万～二万五千円）を稼いでいたが、「もっと稼げる」

と聞いて〇三年一二月にクウェートに渡った。7万5000ルピー(約十八万八千円)を斡旋料として支払ったという。クウェートでは月々7000ルピー(約一万八千円)ほどを貯めることができたが、エージェントが言っていた150KD(当時約六万円)よりも受け取る額はかなり少なかった。建てたばかりの自宅のローンが7万5000ルピー残っており、全ての借金を返済するには相当の時間がかかる、と思っていたところへ、雇い主から「イラクへ行け」と言われた。三カ月有効のタイプの訪問ビザが期限切れになる直前のことだった。「戦争をしているし嫌だったが、断ればビザの延長をしてくれずに帰らされるかもしれず、借金のことを考えて了解した。護衛がつくから大丈夫だと聞かされていた」とティリックは言う。クウェートからイラクへ往復するごとに30KDと、一日あたり6KDをイラク国内にいた日数分貰う契約になった。二月から拘束される七月下旬までに二十五回往復し、四月だけでも二十五日間をイラク国内ですごしたといい、単純計算で六カ月間に1650KD(約六十六万円)を稼いだことになる。

ティリックは帰国後、州が用意してくれた州庁舎付きの運転手の仕事をしている。月給5000ルピーはクウェートに発つ前と変わらない程度だが、「満足している」という。既にイラクで稼いで借金を返済し、見舞金も受け取ったという事情もあるが、「もともと食う物に困っていたわけでもないし、もう海外はこりごり。捕まっている間は家族に会いたくて辛かった。

今は、給料は多くはないが、夕方前には仕事が終わって家に帰れる。金なんかよりも、家族と一緒にいられることのほうが、よほど大切だと思うようになった」としみじみと語った。

ダランプール村は、村々を繋ぐ一本の舗装道路が通っている以外は未舗装の土の道が家々を結んでいる程度の農村だ。しかし、主要作物のトウモロコシや小麦のほか、家々の庭に植えられているオレンジ、バナナ、マンゴー、レモン、グアバ、パパイヤなどの木から自家消費用の果物が手に入る。村々は電気が通っており、ケーブルテレビも引かれている。各村に公立小学校、私立小学校があり、診療所もある。けっして裕福な暮らしではないかもしれないが、私にはむしろ楽園のようにも見えた。この地域の人々は身分制度カーストの中に生きており、最上階級の家で掃除などをして暮らしている人もいる。望んだところでイラクに行く資金などない彼らから見れば、農地を持っている中層階級のティリックは恵まれている。それでも彼の言葉には地に足の着いた力強さを感じた。

この村からも、今でも外国に出稼ぎに向かう人は少なくない。子どもを都会のより大きな大学で学ばせるには金が必要だ。大きな家も欲しいだろう。しかし、求めればきりがない。ティリックはもう、この楽園から離れるつもりはないという。

◇　　◇　　◇

イラク中南部ディワニヤでのイラク軍基地建設現場の事業は〇七年一二月四日に完全に終了

した。私は雇用主のV社の社長に請われて、バグダッドの各国大使館があるIZで、スコットランド系PMCの事務所のキッチンで料理を続けた。履歴書は偽ったが、求められた以上の仕事をして評価されたわけだ。帰国したのは〇八年二月のことである。

インド、ネパールを訪ねたのはその年の一〇～一二月。イラクで出会ったインド人やネパール人は、まだイラクで働いていたり、他の国で出稼ぎをしていたり、連絡がつかなかったりして再会はかなわなかった。しかし、みな元気にやっていると人づてに聞いて安心した。

米国では〇九年に、イラク戦争を進めてきた共和党ブッシュ政権に代わり、民主党オバマ政権が誕生した。イラクからの米軍戦闘部隊の撤退を表明しているが、代わりにアフガニスタンへの戦力を増強するとしても、戦争運営の仕組みは基本的に同じで、戦場労働の場はこれからも用意され続けるだろう。イラク戦争によって巨額の財政赤字を抱えながら、「テロとの戦い」を続けるという。将来的にたちゆくのだろうか。その金の一部は、世界中の労働者の手へと渡る。戦場労働は、肥大化した獣の腐った身体を小さな虫たちがむさぼっている図に見えなくもない。

イラクでは、〇九年一月に行われた地方選挙で、宗派主義と連邦国家志向のシーア派SIICやサドル師支持派が敗北し、統一国家、法治主義をうたったマリキ首相のダアワ党が圧勝した。世俗国家に生きてきたイラク人が我に返りつつあることの現れとも言えるだろう。米軍やシーア派中心のイラク政権と激しく戦い、前回選挙をボイコットしたスンニ派勢力も今回は参加するなど、武力闘争から政治の段階へと変わってきているようだ。反米感情によって一つにまとまった側面もあるイラクが、今後どのような立場を取るのか興味深い。

一緒に働いたイラク人たちには、最終的にそれぞれ100ドルのボーナスを渡すことができた。ごくごくささやかな置き土産ができたことはうれしい限りだったが、彼らの殆どはその後仕事が見つからないという。それでもなぜか食えている彼らの元気そうな声が、たまにつながる電話の向こうから聞こえてくると、イラクの人々の結束と生命力の強さを実感する。

戦火のイラクに滞在し、現地の人々の置かれた状況を考えれば自分の拘束などどうということもないと改めて実感した。お客様扱いされる「取材者」としてではなく、職場の同僚としてイラク人と接することで、これまでとは違った彼らの顔を見ることができたのは新鮮だった。彼らの恋愛話などもいろいろと聞かされた。この戦争によるイラク人の死者数は十万人から六十五万人といった数字が各研究機関から発表されているが、そうした中でも人々は彼らなりに人生を謳歌している。閉鎖環境での仕事も生活もつらかったが、やはり再びイラクへ行ってよかったと思う。

（本文中の登場人物には全て仮名を用いた）

安田純平（やすだ じゅんぺい）

一九七四年埼玉県出身。一橋大学社会学部卒業。一九九七年より信濃毎日新聞記者として、北アルプスし尿処理問題や脳死肝移植などを担当。二〇〇三年よりフリージャーナリスト。二〇〇二年よりイラクを取材し、二〇〇四年の取材中に地元武装自警団に拘束される。著書に『囚われのイラク』『誰が私を「人質」にしたのか』など。

ルポ 戦場《せんじょう》出稼《でかせ》ぎ労働者《ろうどうしゃ》

集英社新書〇五三六A

二〇一〇年三月二二日 第一刷発行
二〇一八年一一月一四日 第二刷発行

著者……安田《やすだ》純平《じゅんぺい》
発行者……茨木政彦
発行所……株式会社集英社
東京都千代田区一ツ橋二-五-一〇 郵便番号一〇一-八〇五〇
電話 〇三-三二三〇-六三九一（編集部）
〇三-三二三〇-六〇八〇（読者係）
〇三-三二三〇-六三九三（販売部）書店専用

装幀……原 研哉
印刷所……凸版印刷株式会社
製本所……ナショナル製本協同組合

定価はカバーに表示してあります。

ISBN 978-4-08-720536-7 C0231

a pilot of wisdom